【盛世风华系列】

姜正成◎主编

中国财富出版社

图书在版编目（CIP）数据

富甲天下：说说咸平之治那些事儿 / 姜正成主编. —北京：中国财富出版社，2014.6

（盛世风华系列）

ISBN 978-7-5047-5008-2

Ⅰ.①富… Ⅱ.①姜… Ⅲ.①中国历史–北宋–通俗读物 Ⅳ.①K244.109

中国版本图书馆 CIP 数据核字（2013）第284631号

策划编辑 王秋萍　　**责任印制** 方朋远
责任编辑 康书民　宋　宇　　**责任校对** 饶莉莉

出版发行 中国财富出版社
社　　址 北京市丰台区南四环西路188号5区20楼　　**邮政编码** 100070
电　　话 010–52227568（发行部）　010–52227588转307（总编室）
010–68589540（读者服务部）　010–52227588转305（质检部）
网　　址 http：// www. cfpress. com . cn
经　　销 新华书店
印　　刷 北京柯蓝博泰印务有限公司
书　　号 ISBN 978-7-5047-5008-2 / K · 0133
开　　本 710mm × 1000mm　1/16　　**版　　次** 2014 年 6 月第 1 版
印　　张 15.75　　**印　　次** 2014 年 6 月第 1 次印刷
字　　数 194千字　　**定　　价** 33.00元

前言

宋真宗赵恒是宋太宗第三子，初名赵元侃。登基前曾被封为韩王、襄王和寿王，997年登基。宋真宗统治时期，北宋的统治日益巩固，国家管理日益完善，社会经济日趋繁荣，国家呈现出日臻昌盛的景象，史称“咸平之治”。宋真宗在位25年，终年55岁，葬于永定陵（今河南省巩县东南蔡家庄）。

宋真宗在统治前期就树立了自己的“仁义天子”形象，即位之初便广开言路，勤政治国，较清明的政治和日趋繁荣的经济，使北宋社会出现了小康局面。

为使政治清明、国家富强，宋真宗采取了卓有成效的反腐倡廉的举措。

首先，宋真宗有一个传诸后世的良好的廉政理念，颁布了告诫百官的《文武七条》。

其次，宋朝有一整套严谨有效的官员选拔任用制度。宋代赏罚严明，官员有试用期，试用官员转正要有若干名正式官员保举，按规定，官员不得保举曾犯有贪污罪的官员。同时，宋代吏部还建立了官员档案，凡犯贪污罪者都记录在案。

最后，建立了一套监察官员的渎职惩处制度、官员选拔标准和职务回避制度。

据有关史籍的记载，宋朝监察官员台官（御史）的选拔，有严格的标准：首先要“鲠亮敢言”，廉洁无私，纠弹不避权贵；其次要有较高的文化素质和从政的实践经验。宋朝规定，台官“于太常博士以上，中行员外郎以下举充”，强调荐举具有基层实践经验的官员充当御史；最后是实行官亲回避制度。凡宰执所荐之人，以及宰执子弟、亲戚和属官，一概不得充任台官。宰执不得荐举御史，宰执所荐之人不得为御史，以及与宰执有亲嫌、同乡关系或为其属官者也不得任御史。因为宰相奏举御史，御史必然与宰相结党营私，把朝政搞得乌烟瘴气。这正是宋朝三令五申不准宰执奏举御史的原因所在。

因为这些廉政举措，宋真宗和他的后来者们创造了一个政治清明、物质文明与精神文明双丰收的宋王朝。

宋真宗在位期间，国家经济发达，尤善商贾，尽管赵宋的面积、人口、资源都比前朝李唐差得多，但是，宋朝的经济，在风调雨顺的好年景，岁入是唐朝的七倍；即便灾害频仍，岁入也是大唐的三倍左右。经济繁荣，边贸红火，贡赋通达，税收富足，官员接触钱财的机会也由此多了起来。然而北宋时期官员赃罪（贪污）的现象却减少了，尤其与相距较近的唐朝相比，更是稀少。

本书依托史实详细阐述了在咸平年间经济文化的高度发展，同时也详细地描述了当时社会在工业化、商业化、货币化和城市化方面的发展，为读者呈现出了一个盛世景象。

本书秉承一家之言，不足之处请读者体谅，希望能让读者在了解咸平之治的时候，作为一种参考。

编　者

2014年1月

目录

第三章 加强集权，重用旧臣

宋真宗在位期间完善了多项制度，其中较为突出的是官员荐举制度、官员俸禄制度、货币制度。宋真宗很重视选拔人才，尤其重视选拔现有官员中的人才，由此就对官员荐举制度做了较大的修改和补充。

第四章 爱文尊儒，重视科举

宋真宗的尊孔崇儒，与汉武帝不同，后者是“罢黜百家，独尊儒术”，而宋真宗则是三教并举，既尊道，又尊佛，还尊儒。

第一章 兄长暴毙，真宗即位

宋太祖、宋太宗致力于一统天下，防止军阀割据，增强中央集权，取得了较大的成绩。但是，统一战争耗费了大量军费，必然加重对人民的剥削。奖励功臣，多设闲职，需要巨大的俸禄支出，也使得国库亏空，赋税沉重。由此，宋王朝危机四伏，阶级矛盾日趋尖锐。

起义不断，矛盾尖锐

淳化四年（993年）年初，成都遭旱灾，百姓饿死无数，富人却过着纸醉金迷的生活。于是，百姓冲向豪民富户家中抢掠财物，在王小波的率领下，揭竿而起。

王小波，青城县（今四川省都江堰市西）人，以种茶贩茶为生。妻弟名李顺，两个人性格豪爽，经常仗义疏财，好打抱不平，为豪民所恶。豪民勾结官府将李顺打入成都监狱，判处死刑候斩。因一位小吏相助，才得以逃离虎口，隐居民间。后因朝廷在四川实行茶叶专卖，又因旱灾，颗粒无收，无法生活下去，二人揭竿而起。

起义农民打开豪民的粮仓，将粮食分给挨饿的乡民和旁户，李顺又让富户开仓赈济灾民。在社会最底层被压迫的穷人们纷纷加入起义队伍，使得义军队伍迅速壮大。在十多天里，就达到数万人，并很快攻下了青城县城。王小波、李顺起义军纪律严明，抚恤良善，唯才是用，威信很高。义军所向披靡，有些县邑主动打开大门迎接义军。

二月，王小波率领众人先北上攻打彭山县，县令齐元振顽强抵抗，不久城破被俘。齐元振是宋太宗刚刚下诏嘉奖不久的“廉”官，算是个模范县令。当初，朝廷派秘书丞张枢到蜀地视察，查处贪官污吏，最后，由于大批官吏因被告贪污受到处分，而齐元振却被称为清白强干，所以宋太宗下诏表彰。其实，齐元振不是不贪，而是狡猾，他将赃款赃物到处分散存放，而把张枢给蒙蔽了。得到皇帝的褒奖以后，他变本加厉，敲诈勒索，老百姓对其恨之入骨。王小波率领起义军冲进齐家，杀死齐元振，剖其腹肚，塞入铜钱，以泄民愤，然后开仓济民，百姓无不称快。参加起义的人越来越多，其他州县的农民也纷纷起兵响应，邛州（州府治临邛，今四川省邛崃）境内到处是义军的旗帜。

淳化四年（993年）十二月，起义军开始进攻成都西南的交通重镇江原县城（今四川省崇庆）。宋西川都巡检使张圮带兵前来镇压，起义军奋起还击。开始交战时，由于义军装备与宋军差别太大，伤亡不小。后来王小波趁天黑用绳索绊倒张圮的战马，张圮摔下马来，但仍然奋勇抵抗，一箭射中王小波的前额，王小波忍痛上前杀死张圮，自己也壮烈牺牲。起义军占领江原城，推举李顺为首领。

起义军在李顺的率领下，乘胜攻下蜀州（今四川省普原），将十几个不法官吏以及监军王亮杀死，又攻占邛州，杀死通判王从式、知州桑保仲等人。随后，义军又在新津江口杀死宋军巡检使郭允能，巡检毛俨落荒而逃。起义军继续前进，先后攻克永康郡（今四川省都江堰市）、新津县、双流县、郫县、温江县，席卷川西平原最富庶的地区，并且都设置官员驻守。

淳化五年（994年）正月，起义军开始进攻府城成都。代理成都知府吴元载，用刑严酷，不得民心。他一再派兵镇压起义军，都毫无效果。起义军焚烧成都西廓门，但是遭到了成都守军的顽强抵抗。起义军只好撤退，于是转而攻下汉州（今四川省广汉）和彭州（今四川省彭县）。这时，朝廷新任命的知府郭载进城，起义军又回兵向成都发动猛烈进攻，终于在十六日攻占该城。西川转运使樊知古、成都知府郭载终于招架不住，率领僚属突围逃走。

淳化五年（994年）正月十六，起义军建立大蜀国，定都成都，年号应运。起义领袖李顺为大蜀王，并设置了中书令（宰相）、枢密使、刺史、知州等各级职官。大蜀任命吴蕴为宰相，计词、吴文赏为枢密使。大蜀政权还铸造了自己的钱币，铜钱上铸有“应运元宝”四字，铁钱上铸有“应运通宝”四字。对农民政权来说，这是前所未有的。李顺还派遣使者与云南的大理国联络，以共同对抗宋朝政权。

大蜀政权，实行“均贫富”的革命政策。他们挖掘豪门富户藏金银的地窖，没收不义之财，勒令当地富人交出金钱粮食，将所得的钱财、物品分给穷人，受到人们的普遍欢迎。成都人开始供奉李顺的画像，对他奉若神明。

这时，起义军人数已达数十万，号称百万大军。起义军和部分群众为了表明他们为捍卫农民政权不惜牺牲的决心，都在脸上刺了“应运雄军”四字。李顺整顿军队，任命将帅，让他们分路攻击宋军：田奉正、苏荣率领的义军攻克渠州（今四川省渠县）、果州（今四川省南充市）；张余率领的义军攻占嘉州（今四川省乐山）、云安军（今四川省云阳）；一支义军攻占广安军（今四川省广安）；一支义军占领合州（今四川省合川）；还有一支义军进攻荣州（今四川省荣县），知州吴枢投降；邛州、黎州（今四川省汉源北）、陵州（今四川省仁寿）、雅州（今四川省雅安）、简州（今四川省简阳）、巴州（今四川省巴中）、阆州（今四川省阆中）等州郡均为义军占领。在短短的时间里，义军已占有了北到剑关、南到巫峡的广大地区，全国为之震惊，各地纷纷起兵响应，秦陇地区的赵包带领数千人的队伍发动起义，在剑阁与大蜀军会合。峡路的几十名漕运士兵，也在江陵（今湖北省江陵）起义。

淳化五年（994年）正月二十一，宋太宗得到李顺起义军进攻剑南诸州的消息；二月初一，得知起义军占领川蜀首府成都。起义军发展之快使宋朝廷大为震惊，急忙召大臣商议对策，多数人认为武力镇压没有把握，都主张招安，只有新上任的参知政事赵昌言力请发兵镇压。朝中议论纷纷，难以决定。起义军又连续攻下了嘉州（今四川省乐山）、眉州（今四川省眉山）。宋太宗认为战事已迫在眉睫，绝不能再拖延下去了。淳化五年二月二十一，命昭宣使王继恩为剑南两川招安使，分路讨伐；以雷有终为峡路转运使，供应军需。宋太宗给王继恩很大的权力，不仅给予他释放诸州非十恶和正赃之罪的所有囚犯的权力，而且凡军事事宜完全由他做主，朝廷不予牵制。宋太宗下诏给王继恩："大军所到之处，如遇反抗，一定要尽行杀灭，且不许存留后患！"

尹元统领的东路宋军，在梁山（今四川省梁平）、广安、渠州、果州一带，受到起义军的顽强阻击，无法前进。蜀北的剑门关，是宋军主力入川的要道，这里原来只有百余宋军把守。由于剑门的险要地势和战略地位非常重要，所以李顺派李广兼程北上，一定要攻下剑门。上官正为剑门都监，手下只有数百名老弱残兵，还有部分从成都逃出的军队，倘若李顺当初即攻剑门，剑门关唾手可得。此时再攻，守兵得知王继恩大兵即将到

来，当然会拼死抵抗。双方在关下展开激战，起义军大败，伤亡惨重，余众三百多人退回成都。

李顺害怕败兵进城会扰乱军心，便将他们全部斩首于城外。王继恩所率宋军夺得川蜀北方门户，得以沿着剑门栈道长驱入川，起义军所处的形势急转直下。

在占据优势的宋军面前，大蜀起义军集中主力去攻打梓州而没有谋划如何防守，延误了战机。宋梓州知州张雍早就开始招募士卒，打制武器，训练士兵，严阵以待，并遣使求援。后来，成都战场逃出的十州之军在都巡检内殿崇班卢斌的率领下投奔梓州，守城兵力大增。李顺派遣大将相贵率领二十万义军前来攻城，相贵先派出一些老弱义军到北城外诱敌，卢斌从城头上见义兵都老弱疲惫，又无铠甲，就要出城迎战。张雍怕中了起义军的圈套，没有同意，命令只守不攻。起义军以云梯和冲火车日夜连续攻城，城中以弩机石和火箭还击，双方相持八十多天，未分胜负。

四月，王继恩由小剑门而入，攻破研口寨。宋军向北，越过青强岭，攻进剑州（今四川省剑阁），又向广安郡进攻，被义军包围，但狡猾的宋军从背后夹击义军，义军大败，五百名义军牺牲。接着，王继恩军攻克绵州，分兵从葭萌向老溪进发，阆州、巴州都相继攻破。王继恩先分兵援救梓州，与城内宋军内外夹攻，起义军终于败退，宋军随后占据蓬州（今四川省仪陇南）。.

王继恩开始集中兵力进攻成都，起义军没有能阻挡住敌军的进攻。不久，成都沦陷，遭杀害的义军又有三万余人。大蜀王李顺在战斗中牺牲，枢密使计词、吴文赏，起义将领卫进、刘师中、李俊、彭荣、吴利涉等均被杀。这样，一场声势浩大的大蜀农民起义，在统治者的血腥镇压下失败了。

成都陷于敌手，李顺等领导人牺牲，大蜀农民政权被统治者推翻。宋朝廷的大臣兴高采烈，王继恩更是居功自傲，终日设宴庆功，手握重兵，久留成都不去，并且纵容部下，烧杀抢掠，无恶不作。但广大农民军并没有被统治者的残杀所吓倒，他们在成都城外不远处安营扎寨，与宋军进行着不屈不挠的斗争，各州县的起义军也仍在坚持斗争。

当初，大蜀中书令吴蕴率十万大军，苦苦围攻川西重镇眉州（今四川省眉山）达百余日，未能攻克城池。成都失陷的消息传来，吴蕴不得不撤除包围，带领部下转战于川西各地。

王继恩攻下成都后，成都地区起义军余部便推张余为帅。张余见进入成都的宋军孤立无援，就聚集了一万多农民军，坚持斗争。成都兵力强大，所以张余避实就虚，带兵攻击敌势较弱的南部和川东各地，很快收复了嘉州、戎州（今四川省宜宾）、泸州（今四川省泸县）、渝州（今四川省巴县）、涪州（今四川省涪陵）、忠州（今四川省忠县）、万州（今四川省万县）、开州（今四川省开县）共八州地。张余率领起义军乘胜东下，直奔川东大门夔州（今四川省奉节）。施州（今湖北省恩施）的数千农民起义响应，夔州宋军顽强抵抗，阻碍了起义军的前进步伐。五月十九日，农民军与宋军在西津对阵，宋廷派遣的峡路都天巡检率援兵赶到，从后面攻击起义军，起义军腹背受敌，大败，两万起义军壮烈牺牲。其后张余向西虽然攻下了云安郡（今四川省云阳），但是在施州受阻，宋军尾随而至，攻陷云安郡，张余率军向西撤退。

夔州以西至成都一线的起义军一直奋力抵抗宋军尹元统率的部队，使其无法前进，成都失陷后，他们仍然坚持战斗。张余被打败后，宋军转战川东，相继攻克广安郡及嘉陵江口合州。宋军乘胜追击，分兵两路，一路在常恩德的统率下，杀向广安梁山，另一路由尹元和裴庄率领，攻打梁州。农民军由于分散作战，很快失败，陵州的起义军也被知州张旦击败。

成都被宋军攻陷后，宋太宗就下诏成都府为益州。王继恩蜀中久攻不下，叛乱又难平，宋太宗感到绝望，便有放弃西蜀之意，召来参政赵昌言商议。赵昌言劝其万万不可，说西川义军只是乌合之众，不难攻下，并献上平川方略。宋太宗大喜，任命赵昌言为川峡两路都部署，统率自王继恩以下的在蜀将士，赵昌言无法推辞，只得从命。九月，宋太宗以为稳定四川局势应该武攻与文治相结合，命枢密直学士张咏为益州（即四川省成都市）知州，授予他专行独断的权力。宋太宗又派出宦官卫绍钦持诏前来督战，于是宋军四出攻城，学射山、双流等处的营寨陆续失陷。宋将杨琼先后攻占邛州、蜀州。王继恩手下有一个内侍叫王文寿，王继恩派他率兵前往遂州（今四川省遂宁），追讨起义军的余部，此人对部下十分苛刻，士卒颇为怨恨。指挥使张嶙率领几名亲信士兵发动兵变，刺杀王文寿后，投奔张余，一时起义军声势大振。

十一月，宋将杨琼攻克永昌、永康郡、双流、导江、温江等地，四川都监宿翰率军在眉州一带击败了大蜀中书令吴蕴。宿翰继续向嘉州进发，十二月十三，大蜀嘉州知州王文操投降。至道元年（995年）年初，张余率农民军进攻眉州，被宿翰击败，二月三十，在向嘉州撤退途中被宿翰部追上，不幸战亡。

张余战亡后，剩余农民军转入密林，继续坚持战斗。至道二年（996年）五月，自称邛南王的农民军首领王鸬鹚重举义旗，但终因势单力孤，在攻打蜀、邛二州时又遭失败。王小波、李顺领导的四川农民起义，前后坚持五年之久，义军达到数十万人，四处转战，最后惨遭失败，留给后人很多的思考：第一，这次起义爆发于宋初的封建“盛世”，也就是说宋朝此时国力比较强盛，兵精粮足，但即使在治世，社会的黑暗现象仍然存在；第二，农民虽然生性柔弱忍让，但若统治者肆意欺凌，柔弱的百姓也会起而反抗；第三，这次起义提出的“均贫富”的口号是史无前例的，在中国农民战争史上独树一帜。

离奇事件，不断发生

《宋史·太宗本纪》的作者写道：“不逾年而改元，涪陵县公之贬死，武功王之自杀，宋后之不成丧，后世不能无议焉。”这里指出了宋太宗被后世人（特别是治史者）议论的几件事：一是宋太祖死后当年就将年号由“开宝”改为“太平兴国”。而依照以往的惯例，是应该转年才改元即改年号的，宋太宗为什么如此迫不及待地改变年号，引起了后世史学家的注意；二是所谓涪陵公即宋太宗的弟弟赵廷美被贬后死去；三是所谓武功王即宋太祖的儿子赵德昭的自杀；四是宋太祖的皇后宋氏的丧礼不合规格，宋氏是至道元年四月（995年5月）去世的，按照惯例，尽管宋太祖已死，但宋皇后既是正式的皇后，就应当为她举行国葬，宋太宗却没有为她举行国葬，只把她草草殡在普济禅寺内，两年后才迁入皇陵。这四件事中，第二件和第三件与本书主题联系密切，应当叙述得稍详细些。

不管宋太祖是否是宋太宗害死的，宋太祖的大儿子赵德昭是被宋太宗逼死的，这一点应是确定无疑的。据史书记载，那是在太平兴国四年（979年），当时宋太宗平定北汉国之后，乘胜进攻契丹，企图一举收复幽燕，不想大败。在溃败中，人们一度找不到宋太宗，以为他已战死，就拟议让赵德昭代宋太宗做皇帝，后来宋太宗回来，知道此事后大为不悦。不久，赵德昭请求给攻灭北汉的有功人员授奖，宋太宗竟怒气冲冲地对赵德昭说："等你当了皇帝再颁赏，也不算晚嘛！"赵德昭听后便自杀了，当时年仅29岁。史书所记事情如此简单，显然是史官们做了淡化处理的。令人奇怪的是，赵德昭死后两年，他的亲弟弟赵德芳也死去了。史书对于他的死，没有做任何说明，他死时年仅23岁，这又成为一桩疑案。至此，宋太祖的四个儿子（其中两个早死）已全部死去。按照中国古代的传统做法，既然宋太祖做过皇帝，他的儿子们就有皇位继承权。所以，他们的死，实际等于除去了两位有相当实力的皇位竞争者。

在赵德芳死去后的第二年，即太平兴国七年三月（982年4月），宋太宗的亲信如京使柴禹锡和翰林副使杨守素（后改名守一）控告说：秦王赵廷美准备在宋太宗坐船前往新建好的金明池水心殿游览时发动政变，并且预谋，如果不成功，赵廷美就打算在自己的王府内装病，等宋太宗亲自前去探望时再采取突然行动。柴禹锡、杨守素怎样得到的情报，他们的举报如何得到证实，史书全然未作任何交代。但宋太宗却由此做出了重大决定：免去赵廷美开封尹的职务，改任命为西京留守，调离京城。同时，一些官员，如左卫将军、枢密承旨陈从信等，因“交通”赵廷美或“受其私犒”而受到严厉处分。相应地，柴禹锡、杨守素等则得到破格提升。

随后，新复职的宰相赵普指控另一宰相卢多逊勾结赵廷美，卢多逊被抓进监狱以后交代说：他曾向赵廷美表忠心说，希望宋太宗快快死，以便尽心侍奉赵廷美做皇帝。赵廷美接受了卢多逊的效忠，也表示了希望宋太宗快死的愿望。宋太宗召集百官公开议论此事，结果多数人认为赵廷美、卢多逊都犯了为臣不忠、大逆不道的死罪。宋太宗表示“宽宏大量”，免去二人死罪，赵廷美勒令回个人私宅反省，卢多逊流放崖州。二人的亲信多人处斩，与他们关系密切的官员都受到轻重不同的处分。知粮料院刘锡仅仅因为曾借给赵廷美一千斛粮食，就被宋太宗下令用棍棒毒打，直到昏死为止。这以后，宰相赵普认为赵廷美待在西京（洛阳）令人不放心，又指使新知开封府李符上奏说：赵廷美毫无悔过之心，请求加重惩处。宋太宗于是把赵廷美贬为涪陵县公，“安置”（即软禁）房州，同时派亲信担任房州地方长官严密监视赵廷美。

一年多以后，雍熙元年正月十六（984年2月20日），赵廷美死去，史书说是“忧悸成疾而卒”，恐怕也含有为宋太宗掩饰的成分，赵廷美去世时38岁。时人往往把他的死归罪于赵普，宋代史学家李焘还记述了这样一件事：赵普晚年病重，曾派人到上清太平宫（道教官观）代自己向神祈祷，天神降下话来讲，赵普久病，是由于做了亏心事，有“冤累”。赵普听到痛哭流涕地争辩说：“是涪陵公（即赵廷美）自己有罪，难道能怪我吗？”当夜赵普就死了。这种记述自然不可信，但却说明宋朝时赵廷美含冤而死的说法就已广泛流传。客观地讲，赵普在赵廷美冤死的过程中确实起了重要作用，但是真正的主谋却显然不是赵普，而是宋太宗，赵廷美是被宋太宗迫害致死的。

宋太祖的儿子都死了，宋太宗唯一的弟弟也死了，宋太宗传位于儿子的愿望已不再存在障碍了。

宋太宗的正室前后有三位。一是尹氏，可称原配，她是相州邺（今河北省临漳县邺镇）人，后周滁州刺史李廷勋之女。她死得很早，何时嫁给宋太宗及死于何时，均难以考察清楚。宋太宗做了皇帝后，追封她为皇后，史称“淑德皇后”；二是符氏，后周显德年间（954—959年）嫁给宋太宗，她是陈州宛丘（今河南省淮阳）人，后周大臣符彦卿之女，周世宗符皇后的妹妹，死于宋太祖开宝八年（975年）。当时宋太宗还没有做皇帝，所以她生前也没有做过皇后。宋太宗后来也追封她为皇后，即所谓“懿德皇后”；三是李氏，她是潞州上党（今山西省长治）人，父亲为李处耘。李氏是宋太祖晚年为宋太宗聘的王妃，尚未正式迎娶，宋太祖去世，所以她入宫的实际时间是太平兴国三年（978年），当时19（虚）岁，大约是宋太祖建隆元年（960年）生的。她入宫后并没有立即被封为皇后，她被封为皇后是在984年年底，距她入宫已有6年多。她是宋太宗正妻中唯一生前做了皇后的，宋太宗死后她又被尊为太后。她做了12年皇后、8年太后，死于景德元年（1004年），享年45（虚）岁。李氏死后被加给“明德”谥号，故史称“明德皇后”，因李氏晚年居住万安宫，故又称“万安太后”。

宋真宗生母李氏最初的地位可能是比较低的，她的父亲名李英，生平事迹不详。《宋史》说他曾任乾州防御史，但不知这官是李氏入宫前还是入宫后得到的。史书没有记载她入宫的确切时间，只说她是宋太祖为宋太宗聘娶的。宋真宗是她生的第四个孩子，宋真宗生于宋太祖乾德五年（967年），而她入宫应在宋太祖建隆三年（962年）以前，所以她入宫比明德皇后要早，可能比懿德皇后嫁给宋太宗的时间稍迟。值得注意的是，她的子女特别多，共有七人（五男二女），这同宋太宗的三位正妻形成鲜明对照。淑德皇后尹氏和懿德皇后符氏似乎没有子女，或者有少数的女儿。明德皇后李氏大约只生过一个男孩，是否生过女孩史书未作交代，即使有也不会多。由此可知，宋真宗生母得到了宋太宗特别的宠爱。不过，宋太宗即位时仅封她为国夫人，连“妃”都没有封。宋太宗做皇帝的第二年，即太平兴国二年（977年）她就去世了，年仅34（虚）岁，不知是否与生育过于频繁有关。史书说她有“容德”，大约长得漂亮，性格也温顺。宋真宗即位后，追封她为贤妃，又尊为皇太后，加给“元德”的谥号，所以史籍中或称她为李贤妃，或称她为元德皇后。

除上述诸人外，宋太宗同任氏、臧氏、王氏等还生过儿女。

宋太宗有九个儿子，宋真宗是老三。

宋真宗的两个哥哥是赵元佐和赵元僖。

赵元佐，字惟吉，本名德崇，这是与宋太祖的儿子一起以“德”字排行时的名字。到宋太宗做了皇帝，他不愿让自己的儿子再与宋太祖的儿子搞大排行，于是宋太宗的儿子便改用“元”字排行，赵德崇便改名赵元佐。赵元佐与宋真宗同为李贤妃所生，是宋太宗的长子，他仅比宋真宗大

一岁多，大约生于乾德四年正月初九日（966年2月2日）。

赵元僖是宋太宗的次子，他既比赵元佐小，则比宋真宗最多只大一岁多，或许只大几个月。他原名赵德明，太平兴国八年（983年）改名赵元祐，雍熙二年（985年）他被任命为象征皇储地位的开封府尹，改名赵元僖。赵元僖的母亲是谁，史书失载，迄今似乎还是个谜。

宋真宗的大弟弟名赵元份，原名赵德严，太平兴国八年（983年）改名赵元俊，雍熙三年（986年）改为赵元份。赵元份的母亲为任氏，除“早卒”外，史书没有提供任何有关她的记载。景德二年（1005年）宋真宗亲征，曾委他为东京留守，不久死去，时年仅37岁。值得一提的是，他的孙子赵曙后来接替宋仁宗做了皇帝，即宋英宗。从宋英宗到宋高宗，实际都是赵元份的后代。

宋真宗的二弟是赵元杰。赵元杰，字明哲，原名赵德和，与赵元份同时改名。他喜好文学和书法，曾建贮书楼，内有藏书两万卷。史书上还记载了他同老师（正式官衔是王府翊善）姚坦发生矛盾的故事。有一次，赵元杰令人造了一座假山，造好后举行宴会请人们共同观赏，众人都赞不绝口，只有姚坦低着头一声不吭。赵元杰执意要姚坦看，姚坦看了一眼就说：“我只看到一座血山，没有看到假山。”赵元杰问他为什么这样讲，姚坦说：“我早年没做官在村里时，亲眼见到州县官吏催督租税，把交不起租税的人抓到衙门里，打得遍身是血。这座假山全是用百姓租税造的，不是血山是什么！”姚坦管赵元杰管得非常严格，搞得王府中的人都不高兴，王府中的人就给赵元杰出主意，让他装病，时间长了，引起了宋太宗的注意。宋太宗向王府的人询问此事，王府的人趁机对宋太宗讲：“王爷本来也没病，都是姚坦管得太严，弄得王爷整天闷闷不乐，硬是憋出了病。”宋太宗听了，明白这是王府的人在捣鬼，就令人把出主意的赵元杰的乳母打了几十板子。这一下王府的人都吓坏了，再也不敢同姚坦作对了，不过姚坦后来也没有受到重用，可能与他得罪权贵们有关。赵元杰死于宋真宗咸平六年（1003年），时年32（虚）岁，由此推算他应生于宋太祖开宝五年（972年）。

宋真宗的三弟是赵元偓。赵元偓，字希道，大约生于宋太宗太平兴国二年（977年）。史书说他“姿表伟异”，大约长得很英俊；又说他“厚重寡言”，大约性格比较内向；还讲他“晓音律”，可能爱好音乐。宋真宗提倡宗室成员学经书，他起了带头作用。除此之外，他似乎没有什么特别的业绩。他死于天禧二年（1018年），那年他的王府遭了火灾，据说他是因受惊吓突然中风而死的，时年42（虚）岁。

宋真宗的四弟是赵元偁。赵元偁，字令闻，大约生于宋太宗太平兴国六年（981年）。他的生母臧氏，原是南唐宫人，南唐后主李煜死后，她进入皇宫，宋太宗在世时，她的最高品级是正四品的美人。她大约死于宋仁宗初年，死后被追赠贵妃名号。赵元偁体弱多病，除了在祭祀大典中充当终献外，没有什么突出表现。宋真宗去亳州祭老子，他带病参加，中途因病情加重返回。此后不久，宋真宗大中祥符七年（1014年）病逝，时年34（虚）岁。

宋真宗的弟弟不止四个，除了上面讲过的以外，还有两个弟弟。宋真宗的五弟是赵元俨，赵元俨大约生于宋太宗雍熙二年（985年）。他的母亲王氏，据说她起初被封为金城郡君，这个“起初”不知是否指宋太宗在世时。宋真宗晚年（天禧二年，即1018年），她才被封为美人（正四品），她在宋太宗在世时肯定品位是不高的。赵元俨小时候显得特别聪明，宋太宗非常喜欢他（可能与当时宋太宗已近暮年有关），每当举行宴会时，常常把他带在身边。宋太宗不愿让赵元俨过早离开自己出居宫外，曾声称要让赵元俨20岁再受封离宫单独居住，实际宋太宗在赵元俨12岁时便已去世。因为赵元俨排行老八，所以皇宫中人称他为“二十八太保”；也有说称他为“二十太保”即不与排行相连。

史书说赵元俨“平生寡嗜欲，唯喜聚书”，又说他喜好儒学，时常与当时著名儒者孙奭讨论有关儒家经典中的问题。他也喜欢书法，还曾亲自画宋太宗像。

史书又说赵元俨长得“广颡丰颐，严毅不可犯”，即长得方面大脸，形象令人望而生畏。说他“天下崇惮之，名闻外夷”，这似乎表明他在政治上有一定势力和影响力。关于这一点，记载并不多，史书上仅偶尔透露一点信息。据记载，他在宴会上“颇多言”，引起宋真宗的不快。宋真宗曾对宰相王旦说：“荣王（指赵元俨）宴会上说话太多。我同别的亲王说话只讲读书写文章一类的事，而他的话却超出了这个范围。我每年只让亲王们参加几次宴会，就是怕他们言语失当。”至于赵元俨说的话究竟有什么失当处引得宋真宗如此不快，史书却言之不详，恐怕是带有干政性质的。又据记载：宋仁宗亲政初年，赵元俨曾对王府翊善王涣说：“西夏李元昊如此猖狂，现今的宰相有什么用？”人们听到这话都感到畏惧。这些事均表明他在政治上的不甘寂寞。史书上还记载了如下的事：有一次，他参加宋真宗举办的宴会，宫女的表演让他感到不满意，他竟不经宋真宗允许，就大声训斥，并下令让人鞭打宫女。

赵元俨尽管曾遭人非议，或许只表明当时人们对宗室成员防范之心太重，未必有多少真凭实据。事实上赵元俨也没做太出格的事，特别是在宋真宗去世、宋仁宗年幼的时候，他能明智地避嫌，“阖门却绝人事”，甚至不去上朝参拜，有时还假装疯癫，终于躲过了灾祸。

赵元俨的生母是王德妃。关于王德妃，史籍记载也很少，我们只知道她原来地位较低，宋太宗死后二十余年，宋真宗天禧二年（1018年）她才因宋真宗的恩赐晋升正四品美人。至于德妃名号，则是她死后宋仁宗追赠的。赵元俨死于宋仁宗庆历四年（1044年），时年60（虚）岁。

宋真宗的六弟是赵元亿（“亿”或作“懿”）。赵元亿早死，除了“十七太保”这一人们给他的雅号外，史籍没有留下关于他的其他记载。或许他就是李皇后那个夭折的儿子。

宋真宗的兄弟们大抵都没有什么作为，这是由当时特殊的宗室制度造成的。

长兄失宠，二哥早逝

宋真宗不是长子，在宋太祖的儿子和赵廷美失去了皇位继承以后，宋太宗首先选定的继承人，也不会是宋真宗。宋真宗当时刚刚被封为韩王，并改名元休。

照常理来说，宋太宗的儿子中，首先有望做继承人的自然是长子赵元佐，据说赵元佐长得很像宋太宗，宋太宗也很喜欢他。他的武艺也挺不错，13岁时随宋太宗去打猎，前方出现一只兔子，宋太宗让赵元佐用箭射，赵元佐一箭就射中了，在场的人都赞叹不已，陪同的契丹使者也显得很惊讶。长大后赵元佐随宋太宗出征，也显示出有一定军事才能。宋太宗做皇帝后，他被安排住进东宫，皇太子的位置似乎非他莫属了。

但这个赵元佐偏偏出了大问题。有记载：在如何对待宋太祖的两个儿子的问题上，赵元佐已同父亲有了分歧。在宋太宗好不容易才找到借口、要将赵廷美置之死地时，赵元佐却仍然一点儿也不体会父亲的良苦用心，竟挺身出来替叔叔说话，要求宋太宗赦免赵廷美。对于他的“愚蠢”举动，宋太宗自然是置之不理，但赵廷美的死，竟使他受了刺激，因而得了精神病。据说他性格突然变得暴躁，有时因为一点儿小过错，就用棍子把手下人痛打一顿，有时竟用刃器伤害下人。宋太宗雍熙二年（985年）重阳节，宋太宗举行宴会，别的儿子都被叫去参加，却没有叫赵元佐。晚上他去兄弟家中抱怨说：“父亲把你们都叫去赴宴，唯独不叫我，这不是不要我了吗？”大吵大闹一番，喝酒喝得酩酊大醉，当夜就纵火把自己的王宫烧了。宋太宗大怒，命令御史台派人把他押送政事堂接受审问，审问时把各种残酷的刑具摆在他面前，赵元佐吓坏了，就全都招供了。宋太宗派宦官首领王仁睿转告赵元佐：“你作为亲王，富贵到极点，怎么如此胡闹！国家有法律，我不敢讲私情，我和你的父子之情，到今天也就断绝了。”赵元佐无言以对，许多人包括赵元佐的弟弟都替他向宋太宗求情，宋太宗却坚决表示绝不宽容，于是赵元佐被废为庶人，流放均州。宰相宋琪率百官又一再上疏，请求从宽处置，将赵元佐留在京城。宋太宗终于同意，于是下令将赵元佐追回，当时赵元佐已行至黄山，被追回后派专人监护，不许与外人来往。

赵元佐的继承人地位就这样丧失了。

大哥失宠，二哥的地位就上升了。

雍熙三年（986年），赵元僖被任命为开封尹。宋太宗在宋太祖在位时期就任开封尹，现在赵元僖出任此职，太子之位已然在向他招手了。宋太宗又任命张去华为开封府判官，任命陈载为开封府推官，亲自召见二人，对他们说："你们都是朝中正直之士，所以选择你们担任这些重要职务，请好好辅佐我的儿子。"并每人赏赐钱100万（即1000贯）。

赵元僖起初的日子还算顺利，但后来有些事可能与他的失宠不无关系，例如他与赵普的往来。赵普是宋朝的开国元勋，是宋太祖的可靠助手，也许因为他太忠于宋太祖了，所以得罪了宋太宗。宋太宗在做皇帝以前就怂恿宋太祖罢免了赵普的宰相之职，宋太宗即位后，赵普的处境更加恶劣。在这种情况下，赵普声称自己存有所谓"金匮之盟"的盟书，向宋太宗献殷勤，做了一笔政治交易，才改变了自己的处境。此后赵普虽想为国出力，但宋太宗对他总是心存戒心。赵元僖出任开封尹时，赵普正被排斥在外，以使相的身份待在邓州。当时宋太宗下令北伐辽朝，赵普认为时机不成熟，上疏谏阻。不久，北伐受挫，宋太宗觉得赵普忠于国家，召赵普回京。赵元僖上奏，盛赞赵普，这时宋太宗正好是对赵普有好感的时候，于是就接受了他的意见，重新任用赵普做宰相。

赵普做宰相以后，与赵元僖配合，击败了胡旦政治集团。胡旦政治

集团的骨干是太平兴国三年（978年）考中进士的几位“同年”。胡旦是一位颇有名气的文士，是那一年的状元，时任替皇帝起草文告的知制诰。他的同党赵昌言是宋太宗的亲信，时任枢密副使，属于执政大臣，在同伙中地位最高。他们的另两位同党是陈象舆、董俨，分别任盐铁副使和度支副使，都是掌管财政的重要官员。他们还有一位同党名叫梁颢，时任右正言，但他不是胡旦的“同年”。他们一伙时常深夜密谋，所以陈象舆、董俨分别得到“陈三更”“董半夜”的绰号。雍熙四年（987年），他们怂恿一个名叫翟马周的人向朝廷上疏，内容实际是胡旦代写的，其中肆意攻击了朝中许多大臣，对自己同党中人大加吹捧，露骨地要求朝廷予以重用。赵元僖派人逮捕了翟马周，并追查出其幕后指使者。赵普认为对这种结党营私的行为必须严惩，宋太宗同意了，于是胡旦等都受到撤职、降级等严厉惩处。随后，赵普又揭露了一个名叫侯莫陈利月（此人姓名共五字，颇罕见）的人的罪行，此人是宋太宗的亲信，是个术士。赵普根据此人罪行，坚持要将其处死，宋太宗起初不肯，后来勉强同意，下令后又想收回成命，只因传令的人中途耽搁，侯莫陈利用终被处死。赵普做的这些事虽都经宋太宗同意，但被惩处的人中却有宋太宗的亲信，从内心讲，宋太宗未必高兴。赵元僖既支持赵普，宋太宗心里未必没有想法。很可能父子间的裂隙就是从这里开始的。

宋太宗与赵元僖之间的矛盾一直被掩盖着，直到淳化二年（991年）才有所显露。这一年，发生了左正言宋沆、尹黄裳、冯拯和右正言王世则、洪湛五人一起到皇宫大门上疏，请求立皇太子的事。其中宋沆是宰相吕蒙正的亲戚，曾得到吕蒙正的举荐。此时宋太宗身体日渐衰弱，要求立太子似乎是合情合理的事，但此事却犯了宋太宗的忌讳。宋太宗将吕蒙正罢免，将宋沆免去原职，降级去做无职无权的闲官团练副使；尹黄裳等都被贬出京城，担任偏远地区的知州。

宋太宗究竟为什么不愿立赵元僖为太子，我们无从知其原因，但第二年赵元僖却突然去世。此年十一月初十（12月6日），赵元僖去上早朝，刚到宫中小憩，忽觉身体不适，赶忙回家。宋太宗闻讯赶去探望，赵元僖已不能讲话，过了不长时间就死了。宋太宗放声痛哭，周围的人都吓得不敢抬头。赵元僖时年仅27岁。宋太宗追封赵元僖为太子，此后宋太宗一连几天哭泣不止，有时整夜难过得不能入睡，写了《思亡子诗》给大臣们看。

事情如果就此了结，我们可以认为赵元僖之死事出偶然，他与父亲之间情深意笃，没有太多矛盾。然而随后却出现了新情况：有人告发，赵元僖偏爱小妾张氏，为张氏父母下葬时超越了规格名分；张氏依仗赵元僖的宠爱，对仆人宫女乱施酷刑，甚至有伤及性命的；还揭发了赵元僖宫中的其他不法事。宋太宗听了立即派宦官王继恩去查证。结果，张氏父母的墓被掘毁，赵元僖的太子名号被取消，他的下葬规格也降低了。开封府官员吕端、陈载，许王府（赵元僖当时封许王）官员赵令图、阎象等都因“裨赞有失”“辅导无状”受到免职、降级的处分。

看到这儿，大家肯定都有一种“小题大做”的感觉。因为史书上都明确记载：张氏的行为赵元僖“不知”。张氏的行为尽管违法，但和皇室中某些人的行为比起来，似乎并不算太严重。然而，赵元僖及其属下却都受到如此的连累，实在让人不无疑问。偏偏又有北宋人的如下记述：有一次，寇准见到宋太宗，宋太宗对寇准说：“素来听说你有深谋远虑，遇事果断，现在请你帮朕决断一件事。”寇准问是何事，宋太宗说：“东宫经常做不法的事，将来做了皇帝一定是夏桀、商纣一样的暴君，朕想废掉他，但他手下有军队，朕怕闹出事来。你看该怎么做？”寇准说：“可以派太子去做某事，调他离开东宫。然后搜查东宫，找到证据将他拘禁，不会出什么乱子。”宋太宗照他的话去做，果然查获了东宫非法施酷刑的刑具，于是将太子废黜。这则记载有一明显错误，即赵元僖始终未被封为太子，所居住处只能说是许王府，而不能说是东宫，但其中讲宋太宗早有废立之意，却使人觉得不是没有可能。

关于赵元僖之死，宋人笔记中有一种说法，即讲他是误服毒药而死。宋太宗为他选娶了功臣李谦溥的侄女为妻，他不喜欢，于是便同侍妾张氏亲近起来，以后赵元僖许诺将要立她为正妻取代李氏，张氏便起了毒死李氏的邪念。张氏找人制作了一种特殊的酒壶，一壶二腹，可以一腹盛酒、一腹盛毒药，用一机关调节，要注酒便注酒，要注毒药便注毒药。张氏准备用它毒死李氏，结果却出了岔子，让赵元僖误服了毒药。赵元僖死得那样突然，中毒而死的可能性是极大的。

天时地利，宋真宗登基

本来一个哥哥疯了，一个哥哥死了，皇位的继承权轮到宋真宗（当时是襄王赵元侃）该是无问题的了，实际情况却不完全是这样。

赵元侃在赵元僖去世后的一段时间里，可谓非常顺利。赵元僖去世不足两年，即淳化五年九月初三（994年10月10日），赵元侃就被任命为开封府尹，同时进封寿王，取得了原先赵元僖的位置。不久，他又得到了赵元僖祈求已久而没能得到的东西，即皇太子的名分。至道元年八月十八（995年9月15日），他被正式封为皇太子，并改名为赵恒，同时兼任判开封府（比开封府尹地位高）。此事有些不同寻常，因为自从唐末以来，战乱时局不稳，已经一百多年没有封皇太子的事了。所以，此事在当时引起了一定程度的震动。

据说赵元僖去世不久，寇准从青州被召回京城，宋太宗立即接见了他。这时宋太宗腿上的箭伤又复发了，宋太宗撩起裤子让寇准看，并对寇准说："你怎么来得这样迟？"寇准说："按规定没有朝廷的命令，我是不能随便回京的。我这次是一接到命令就动身了，并没有耽搁。"宋太宗没有再责备他，却急着问："你看将来朕把国家交给哪个儿子更合适？"寇准没有正面回答宋太宗的问话，只是讲："您要选择继承人，千万不要光听后妃们的意见，也不要光听宦官们的意见，此事一定要您自己做主，选天下臣民都满意的人做继承人。"宋太宗问："赵元侃如何？"寇准说："这个问题我不宜回答。"宋太宗却由此下定了决心。

另一种说法，讲赵元侃被选中得力于陈抟。陈抟也是一位颇有名气的人物，据说当时陈抟恰在京城，陈抟既是方外人，又与宋太宗过往甚密，宋太宗便让他到各王府给自己的儿子们相相面，看哪一个适合做皇储。陈抟回来对宋太宗讲："寿王一定是未来的天子。"宋太宗问：

“何以见得？”陈抟说：“我到寿王府，看到寿王身边有两个（一说三个）人，从面相看，都是未来的大将、宰相。所以，不必再看寿王的面相，便可知他必是未来的天子无疑。”后来人们了解到，他说的原来是张耆、杨崇勋（一说还有郭承佑）。宋太宗于是便下了以赵元侃为继承人的决心。这种说法自然多半是编造出来的，但宋太宗决策时听取了陈抟的意见也是有可能的。也有宋人讲，相面者不是陈抟，而是一位和尚；还有宋人讲，参与决策的不是陈抟，而是道士王得一。

宋太宗立赵元侃为太子，仍然心怀疑虑，新立了皇太子，人们难免要说些称赞的话，这本是人之常情，然而却引起了宋太宗的不快。一次，他对寇准说：“人们都夸奖皇太子是国家的好君主，这把朕放到哪里去了？”寇准很机敏地回答：“您不就是要选择未来的国家君主吗？现在人们这样讲，说明您选得对，您找对了继承人，这是国家千秋万代永远昌盛的保证。”宋太宗回到后宫，后妃们也说了许多宽慰的话，宋太宗这才转忧为喜。可见宋太宗是很怕自己活着的时候失去权势的，对自己的亲儿子也是存有戒心的。

宋真宗画像

宋真宗做了皇帝以后，曾几次回忆自己做开封尹时的情景。宋真宗当时是很想做出些成绩的，他打破以前亲王做府尹不住府衙的惯例，把家搬进府衙。这段经历给他留下印象最深的是：开封府的豪民很刁滑，经常与吏人勾结做违法的事。豪民本人犯了罪，贿赂吏人，由自己的仆人代己受刑罚。当时宋真宗觉得情况可疑，几经盘查，才查出实情。为此，他做府尹时曾采取让“直司”等吏人轮换的办法，避免他们因与豪民彼此熟悉而互相勾结。但他做府尹期间也是小心翼翼的，有几位官员他不满意，却没有直接采取措施，一直等到他做了皇帝以后才做处置。

宋太宗选择继承人，两次与寇准商议，而寇准倾向于赵元侃，这也是很明确的。寇准在宋真宗的一生中，占据非同一般的地位，这里有必要对他的情况作些初步介绍。

寇准（961—1023年），字平仲，华州下邽（今陕西省渭南市）人。他于宋太宗太平兴国二年（977年）考中进士，时年19（虚）岁，可谓是早年得志。寇准在以后的仕途中也相当顺利，由知县、通判很快就升为正言、三司判官、判吏部铨，官阶也升为郎中，成为可以接近皇帝的高级官员。他敢于直言劝谏，有一次在大殿上奏事，他讲的不符合宋太宗的意思，宋太宗生气地离座准备退朝，寇准不顾做臣子的礼仪，竟扯住宋太宗的衣服硬是将宋太宗留住，把事情谈清楚才罢休。宋太宗当时被他搞得很狼狈，事后却对他大加称赞，说：“朕得寇准，就像唐太宗得到魏徵。”这样一来，人们对寇准更加另眼相看了。

淳化二年（991年），寇准因弹劾王沔刑罚不平一事有功，被提拔为枢密副使，进入执政大臣行列。这一年他仅30周岁。事不凑巧，因为有一个疯子在他马前高呼“万岁”，他遭到弹劾，暂时被贬出京城。不久，他就被召回京城，又被提升为参知政事。此时期人事调动频繁，宰相经常更换而日常有空缺，寇准既已得到宋太宗的信任，升任宰相是随时可能的。

正当寇准春风得意之际，正当人们普遍都认为寇准前途无量之时，寇准却突然失宠了。关于他的失宠，史书上有两种说法：一是讲寇准太专横，引起了宋太宗的不满。当时刚刚进行了郊外祭天的盛大典礼，典礼之后，官员们照例要普遍地加官晋级，此事的具体落实，就交给寇准来办。这自然也体现了宋太宗对他的信任。然而落实的结果却引起了争议，有些人向宋太宗告状，说寇准办得不公平，任意优待一些人，同时又故意薄待另一些人。此事在朝廷上闹得沸沸扬扬，使宋太宗很不高兴。宋太宗本来就生性多疑，眼下年老体衰，更加多虑。而此时寇准觉得自己受了冤枉，不分场合地向宋太宗申辩，宋太宗由烦而怒，终于雷霆大发；另有一种说法，讲寇准的失宠，是由于有人当着他的面，向宋太宗指控他背地里对皇帝“多诽谤”，而寇准对于这种指控竟然“不敢自辩”，于是宋太宗“大怒”，将寇准贬官。可是史书上却没有讲寇准“诽谤”宋太宗的内容。宋太宗与寇准的关系如此亲密，寇准为什么会“诽谤”宋太宗呢？宋太宗对这些“诽谤”为什么如此重视呢？人们做了种种猜测，最为合理的一种是：寇准是宋太祖皇后宋氏的妹夫，此时正赶上宋皇后去世，宋太宗葬嫂没有依照封建礼法，可能寇准说了些抱不平的话，这自然会触动宋太宗最敏感的神经，寇准便因此而失去了宋太宗的信任。

至道二年（996年），即距宋太宗去世只有八个多月的时候，寇准被免去参知政事职务，外任知邓州。

寇准在非常重要的关头被贬，似乎使赵元侃处于不利境地，但这时一位关键人物的出场，却使局势大为改观，这位关键人物就是吕端。

吕端在仕途上颇为坎坷，几经浮沉。宋太宗即位后，秦王赵廷美被任为开封尹，而吕端被任为开封府判官，这几乎是命里注定难逃劫难的差事。果然，不久因秦王府官吏被人指控违法贩运竹木，吕端因此被降官数级，贬为商州司户参军。此后遇赦，逐渐又恢复了原官阶，因任地方官和出使高丽有劳绩，他又升为右谏大夫。这时赵元僖出任开封尹，宋太宗偏偏又选中吕端，重新让他任开封府判官，辅佐这位皇位继承人。这本来是宋太宗对吕端的特殊信任，如果赵元僖平平安安地做了皇帝，吕端自会飞黄腾达；可偏偏又出了前文讲过的问题，吕端又一次充当了替罪羊的角色，被降官为卫尉少卿。

吕端命运多舛，却能屈能伸，具有一般人所不具备的韧性。他被贬后，朝廷设置考课院，审查官吏。宋太宗亲自接见一些官员，以便为一些重要职位物色人选。吕端也被列入名单之内。被接见者中有一些是和吕端类似的因事被贬的官员，他们借此机会，痛哭流涕地向宋太宗表忠心，并诉说自己是如何冤枉，他们往往因此得到宽恕，重新被起用。轮到吕端时，他却只是说："我以前辅佐秦王，有罪被贬；这次辅佐许王（赵元僖），又犯了罪；现在别无所求，只想到地方上做个散官就很满足了。"结果，他的这番话反倒更强烈地震动了宋太宗，不久，吕端就被官复原职了。又过了一段时间，吕端被加上了枢密直学士的头衔。淳化四年（993年），他又被任命为参知政事，成为执政大臣。

当然，据说他的重用，也是因为得到寇准的极力举荐。不过，他却比寇准更早地做了宰相。吕端任宰相是在至道元年四月初七（995年5月9日）。应当说明的是，宋代宰相通常不止一位，满员时应有三位。但吕端被任命为宰相时，恰好原来的宰相先后都被罢免，吕端成为唯一的宰相，这种状况一直维持到宋太宗去世。这一独特的地位，使他在即将爆发的皇位之争中成为举足轻重的人物。

在宋太宗拟定任吕端为宰相时，有人提出反对，说吕端为人糊涂。宋太宗反驳说："吕端小事糊涂，大事不糊涂。"吕端任宰相的这一年，恰好60周岁，已步入老年。宋太宗生性多疑，但不知为什么，对吕端却非常信赖。有一次他约大臣们到后苑赏花钓鱼，即兴写诗赠吕端，其中有"欲饵金钩深未达，磻溪须问钓鱼人"的句子，自比周文王，而把吕端比作晚年得遇的姜太公。如果宋太宗真的想传位给赵元侃，并且想要吕端辅佐赵恒，那么他确是选对了人，吕端确实没有辜负他的期望。

赵元侃对于宋太宗的心理大约是有所了解的，所以他做了太子以后事事谨慎小心，几乎很少有引人注意的表现，但有一件事还是使赵元侃受了惊吓。至道二年（996年），开封府所属十七县都因旱灾被免了税。有人上奏宋太宗，说开封府夸大了灾情，有意收买人心。宋太宗对此事十分重视，马上下令调查。赵元侃当时兼任判开封府一职，如果一旦落实有虚报灾情的问题，其后果是难以想象的。幸亏调查此事的官员回来都说灾情确实，其中有一位官员甚至讲，有几个县的灾情比开封府上报的更严重，开封府对这些县的田税还减得不够。这位官员的举动使赵元侃非常感动，以致若干年后还提到此事，并对他大加称赞，这位官员便是王钦若。无论怎样，赵元侃这一次是有惊无险地渡过了难关。

至道三年二月（997年3月），宋太宗病情转重。三月癸巳二十九（5月8日）宋太宗"驾崩"，享年59（虚）岁。

宋太宗是得什么病去世的呢？史书没有记载，只是后来宋神宗讲过，宋太宗是因为太平兴国四年（979年）征辽败退时中的箭伤发作而死的。但自中箭至此时已有18年了，偏偏死于此时，应有其他原因，史书不载（关于帝王的病状，史书历来很少记载，已成惯例），我们也无从得知。

或许人们不会想到，赵元侃以皇太子的身份在老皇帝死后登基，还有一番波折。发难者主要有四个人，即皇后李氏、宦官王继恩、参知政事李昌龄和翰林学士胡旦。关于这四个人，有些情况还需做些介绍。

李皇后亲生的儿子夭折，无论是赵元佐还是赵元侃或者是宋太宗其他的儿子继承皇位，对她似乎关系不大，但在赵元佐同赵元侃之间，她却偏向前者。按照史书上的说法，这是由于赵元佐是个病人，易于控制，而赵元侃“英明”，难以驾驭。李皇后的重要，不仅仅因为她的皇后地位，还因为她有一位握有兵权的哥哥李继隆。李继隆时任殿前都指挥使、静难军节度使，不久前刚刚从西部前线返京，掌握着京师禁军的指挥权。

王继恩在宋太宗夺取皇位时起了关键作用。宋太祖的皇后派他去召赵德芳，他却自作主张叫来了晋王赵光义（宋太宗），此后他一直是宋太宗最信任的宦官，多次在重大军事行动中充任监军。宋太宗在位后期四川发生王小波、李顺暴动，他被任命为招安使，率大军前往镇压，事后被进封宣政使。有人认为：寇准当初对宋太宗讲，确定皇位继承人不要听后妃的，也不要听身边左右人的，指的就是李皇后和王继恩。如果真的如此，则他们早就结成了反对赵元侃的联盟。

胡旦因与同年进士结党被赵普、赵元僖弹劾遭贬，而李昌龄恰好又是他的“同年”。李昌龄也是由寇准引荐出任参知政事的，然而他却站到了与吕端对立的一方。

四个人之外，还有一位文士潘阆。他官不大，名气却不小。王禹偁曾赠他诗称赞他：“江城卖药常将鹤，古寺看碑不下驴。”潘阆写的《酒泉子·长忆观潮》流传很广，脍炙人口。据说潘阆早年曾为宰相卢多逊出谋划策，谋立赵廷美以取代宋太宗，为此他长时期隐姓埋名躲避追捕。后经王继恩说情，才得到宽恕。这次他给王继恩出主意说：“您若扶立赵元侃，因他已是太子，显不出您的功劳。您若扶立赵元佐，那您就是把一个被遗弃的人扶上了皇位，功劳就大了。”王继恩果然被他说服了。

宋太宗去世的那天，李皇后派王继恩去找宰相吕端。吕端敏锐地觉出事情不对头，果断地决定采取紧急措施。他先是偷偷在笏板上写了“大渐”两个字，派身边最亲信的人催促赵元侃进宫。然后他骗王继恩说自己想查阅宋太宗的某份诏书，让王继恩到诏书阁去取，等王继恩进了诏书阁，就把他锁在里面。然后进宫去见李皇后，李皇后对吕端说：“皇帝已经辞世，立长子为新皇帝，是顺理成章的，你看该怎样做？”吕端反驳说：“先皇帝立皇太子正是为了今天，现在先帝刚辞世，岂可马上就违背他的意愿另来一套？”李皇后身边没有了王继恩，既不知怎样对付吕端，也没了主意。吕端却已派人请来了赵元侃，立即举行登基仪式。举行仪式的时候，赵元侃即宋真宗坐在帘后，吕端率百官朝见，将行参拜大礼时，吕端还不放心，先不下拜，请求将帘卷起，然后竟又登上台阶凑上前去，看清楚宝座上确实坐的是赵元侃时，他才率领百官行跪拜大礼。

第二章 辽国入侵，澶渊之盟

宋真宗景德元年（1004年），辽圣宗与萧太后亲率大军南下攻宋，宋、辽两方在澶渊（今河南省濮阳市西南）会盟，约定宋每年向辽纳绢二十万匹，银十万两，称为岁币；又约为兄弟之国，史称“澶渊之盟”。

契丹南侵，宋辽开战

宋至道三年（辽统和十五年，997年）三月，宋太宗由于高梁河之战受的伤复发而死，太子赵元侃即位，改名为赵恒，史称宋真宗。次年，辽大举犯宋，从此，宋辽战争再次掀起。

宋咸平二年（辽统和十七年，999年）冬，承天太后、辽圣宗亲率辽军大举攻宋，宋名将杨延昭（名将杨业之子）被困在遂城（今徐水西）。杨延昭让士兵们趁着天冷向城墙外侧泼凉水，第二天就冻成冰墙，辽军无法攀援而上，只得作罢。辽军虽然占领了乐寿（今献县），但收获不大，只得于次年正月退兵，以后仍不断派兵南犯。

辽统和十九年（1001年）十月，契丹大举南侵，攻到满城（今河北省境），但由于种种原因，随即收兵回朝。宋朝史官记述：宋朝的高阳关、定、镇三路都部署王显在遂城（今河北省境）大败辽军，杀敌两万多人。辽朝史官却说辽军由于路途多泥淖而在遂城击败宋兵之后，只进攻到满城就回师了。

次年三月，辽相继派宰相萧继远在梁门（今河北省徐水）大败宋军，又使萧挞凛（南京统军使）破宋军于泰州（今河北省清苑）。

辽统和二十一年（1003年），也就是宋真宗咸平六年四月，宋朝的高阳关副都部署王继忠在定州望都县（今河北省境内）被辽南府宰相耶律奴瓜与萧挞凛活捉。这王继忠是宋真宗即位以前所在的寿王府门客，宋真宗认为他已战死沙场，心中十分悲痛。

契丹兵不断南下，使得宋真宗忧心忡忡，焦急万分，每日于便殿召见大臣，询问战略，常常是从早到晚，甚至连饭也顾不上吃，可是始终没有破敌良策。

景德元年（1004年）七月，宰相李沆死，中书无宰相。宋真宗想任用寇准，又怕他太年轻，想找一位德高望重的人替他稳住局势，于是选中了翰林侍读学士兼秘书监毕士安，提升他为参政。毕士安上朝谢恩，宋真宗说："别忙着谢朕，过两天再让你当宰相。"接着问道："朝廷中除了你，还有人能担当此任吗？"在宋朝制度中，宰相定员一般是三人，都加同平章事，以兼官定职位高下：首为监修国史，次为昭文馆大学士，复次为集贤殿大学士。如果只有两个人，就让昭文馆大学士兼监修国史为上相。如今三相齐缺，宋真宗才向毕士安询问宰相人选。毕士安道："寇准为人正直有义气，有处理大事的能力，是宰相之才。"宋真宗道："听说他刚愎自用，不知是真是假。"毕士安道："此人处事方正，慷慨有大节；为国忘身，疾恶如仇，朝中大臣无人可比。任何人都有缺点，即使天才也会被流俗所污，说这说那也不可避免。现今边境动乱之时，朝廷需要的正是这种不顾自己利益、敢作敢为的人。"宋真宗大喜，说："卿言极是。但他要成事，终需借重卿这样德高望重之人。"毕士安推荐寇准，真可谓帮了宋真宗抵御契丹的大忙，正是这一着棋使得宋朝对辽战事化险为夷。

这时，北部边境契丹的小股士兵经常在祁州（今河北省无极）、深州

（今河北省深县）一带侵扰，稍微遇到反击，便逃窜而去。寇准道：“这是契丹人在试探挑逗我们，后面必有大规模的侵略行动。请朝廷整顿军备，以精兵防护要塞，提高警惕。”

宋景德元年（辽统和二十二年，1004年）闰九月初八，承天太后、辽圣宗又以收复被后周世宗占领的关南地区为名，对宋发动大规模战争。十二日驻兵固安（今河北省境内），举行大出兵时的重要仪式。将抓获的宋军间谍绑在立柱上，乱箭射死，称为射鬼箭。举行完仪式后，便浩浩荡荡地向宋出兵了。

边境急报如雪片一样飞入京城，《宋史》说，急报“一夕凡五至”，举朝上下，一片惊慌；举国上下，一片动荡！只有寇准谈笑自若，将所有急报掷于一旁，不理不睬。朝臣大为不满，第二天早朝，有大臣将辽军大举入侵的消息上奏宋真宗，宋真宗大惊，问寇准道：“爱卿真是这样不以国事为重吗？”寇准道：“我谈笑自如之事确实有，但我怎敢轻视国事？以我看来，契丹南下是自取灭亡，对大宋来说是一举消灭他们的好机会。我是众官之首，若遇事就慌慌张张，岂不辜负皇上的一番美意？我真不明白各大臣为何如此惊慌失措。”宋真宗听了，暗挑大拇指：“好一个寇准，果然不负朕的厚望。”口中却道：“你说的极是，身为大臣，对契丹的入侵就应当看作是小丑跳梁，小事一桩，不必惊慌。”说完，瞟了一眼满朝文武，见他们一个个低下头去，脸有愧色。其实，宋真宗自己也惊慌失措，吓得要死，便不忍再加责备群臣，又说道：“你刚才说契丹南侵是自取灭亡，可否向大家解释一下？”寇准道：“臣遵旨。想那契丹，连年征战，穷兵黩武。如今已是士气低落，捉襟见肘。这次倾国出动，由国主（辽圣宗）和萧太后亲自率领，号称二十万大军，其实才十万左右。我朝镇、定、高阳关三路都部署王超拥兵十万驻守定（今河北省定县）、镇（今河北省正定）二州，足以抵敌。此外，莫州石普、保州（今河北省清苑）张凝、北平寨（今河北省完县）田敏等各有重兵。还有威虏郡（今河北省徐水）魏能、遂城杨延昭，辽人战百次不得胜，数万人围之攻不下，号称‘铜梁门、铁遂城’。有这种兵，又有什么值得担忧的呢？兵法上有云：‘行师百里而入侵他国，必有将军被擒。’现在辽军孤军深入，必败无疑。敌国之忧，我国之喜。难道不该庆贺吗？”宋真宗越听越是有理，胆子壮了起来，不觉现出喜色，正要开口夸奖，文臣中一人朗声说道：“相公说得倒挺轻松。你可知沙场上拼搏与纸上谈兵、哗众取宠是两回事吗？去年四月，辽将耶律奴瓜、萧挞凛南下，我方部署与今完全相同。而耶律奴瓜不过是辽朝一将，和这一次辽圣宗、萧太后亲自统领的入侵完全不同。去年我军已无力阻挡，以致高阳关副都部署王继忠部全军覆没。这该怎么解释？”宋真宗认为有道理，又担心起来，附和道：“对呀，这该如何解释？”

寇准瞥了一眼，见发问的是参知政事王钦若，该人博学善辩，不可和他在众人之下多加辩驳，以免惑乱人心，说道：“参政所说去年兵败之事虽有实情，但时过境迁，怎么能一成不变地看待事物呢？我已有详细的内容在这里，容后书奏。陛下如果听我的建议，五日之内，契丹军必退。”王钦若虽知他不可能有什么回天妙计，但他既说要奏明皇上，自己不便再问，只好作罢。宋真宗听了寇准之言，却是急不可耐，还没等“书奏”，当晚就召寇准入宫，询问妙计。寇准不慌不忙道：“以往我军虽然兵多，

但却导致失败，是因为兵将士气不振。尤其自雍熙三年（986年），曹彬兵败以后，我军将士不少人谈辽色变，如此怎能获胜？”宋真宗道：“我军对付叛乱的百姓十分容易，但对付辽军可就不行了。辽人弓马娴熟，来去迅疾如风，实在不容易抵挡，你有什么好办法抵御辽军吗？”寇准道：“说也容易，壮我士气就是了，我请陛下亲自率军征讨，将士们看到后，都会备受感动，从而会勇敢杀敌，何愁强敌不破？”宋真宗听了，愕然不语，过了好一阵才说：“让朕再好好想想。”寇准去后，宋真宗立刻召见毕士安，将寇准的话说了一遍，道：“依你的看法，这种建议可行吗？”毕士安也极力赞同皇帝亲征，宋真宗这才下定决心，要御驾澶渊，以壮军威。第二日，又召集辅臣将此意说了，要众人各抒己见。自然是有人叫好，有人反对，还有的不置可否，莫衷一是。

征讨契丹，虎头蛇尾

朝廷一面下令沼州团练使上官正知沧州，兼部署永清节度使周莹为天雄军（治大名）都部署，兼知军府事；又命令代州副部署元澄等契丹军队南下以后，带领军队攻入契丹境内，从而控制东面的敌人；命并代州副部署雷有终领兵由土门（即井陉）赴镇州与河北大军会合，暂驻兵于平定军（今山西省阳泉东南）。另一面悬赏河北吏民集结精锐，偷袭契丹，又派使者到河北慰问军队，并拿出三十万两白银用来购买军粮。

闰九月二十，北面都部署王超率大军在唐河（今河北省境内）一线驻扎。

契丹兵统军、顺国王萧挞凛引兵进攻威虏郡（今河北省遂城），魏能、石普等人带领军队前往救助。魏能先与契丹前锋军相遇，契丹兵败，魏能杀契丹偏将，缴获了他的印鉴、旗鼓以及随军辎重。又转攻北平寨，指挥田敏积极率部抵抗，契丹又惨败而归。又东攻保州，州中的振武军小校孙密率领十余名士兵外出打探敌情，归途恰与来攻保州的契丹前锋军相遇。孙密让士兵们隐蔽在一树林中，严阵以待准备偷袭契丹军，契丹兵见宋兵人数不多，追到林边，跳下马来，拔出兵刃，准备短兵相接，定要生擒宋兵，方显辽人英勇。孙密等人静静地等待着，看着契丹兵手持短刀，大喊大叫地狂奔过来时，弩箭齐发，数人应声倒下。其他契丹兵寻声赶到，孙密等人已在别处隐蔽起来。就这样，打一阵子换一下地方，一会儿就杀掉了几十名契丹兵。可怜的契丹兵连一个宋军的影子都没有看到。难道遇到鬼了？想到这里，不觉心惊胆战，再也不敢往前搜索，纷纷退出林子，上马逃走。契丹人笃信鬼神，回大队报告后，以为出师不利，不敢再攻保州，退往别处去了。孙密检查死尸时，发现其中有一具佩戴右羽林军使印的尸体，孙密判定该人是契丹军中的将领。才知方才军士逃走，原来是因为军官已死，否则纵然害怕，也不敢后退。遂捷报入京，宋真宗道：“士兵都是这样的，只要军官被抓住了，士兵就无力再战，契丹确实不值得大忧啊！”

这一日，萧挞凛与萧太后、辽圣宗合兵攻定州，王超屯重兵于唐河，距定州不过数十里路程，不敢前往攻击。部下请求前往救援定州兵，王超

便拿出诏书，说是皇帝的旨意，违背旨意的斩首示众。契丹见唐河兵不出，知道主将胆怯，声势更盛。但定州守兵顽强坚守，契丹兵仍讨不到半点便宜。定州久攻不下，正在此时，契丹又有一支骑兵队伍遭到宋军袭击。辽军锐气受挫，便将大队东移，驻兵于阳城淀（今河北省望都东南）。

寇准上疏说："据边报，敌人游骑已到祁、深二州以东，而我方大军集结在更北面的威虏郡一带，大名以北的东路没有驻兵，很不方便。请自大名驻兵中调一万人，北屯贝州（今河北省清河），由周莹、杜彦钧、孙全照统领。若大名兵力不足，只调五千人马，由孙全照一人统领亦可。如果敌人从深、祁两州继续南下，就让孙全照趁机打击，并与北方驻军石普和驻守顺安的阎承翰相互支援。由石、阎率本部兵，或另募强壮百姓入契丹境，焚烧村落城镇。并多派密探探察敌人动静。将以上行动及时上报朝廷，兼报天雄军府（治所在大名）。一是可以安定民心，二是可以鼓舞我军士气，三是以大振阎承翰、石普的军威，四是使孙全照部与邢（今河北省邢台市）、洺二州驻军形成掎角之势，构成大名的北部屏藩。臣还请陛下下诏书，御驾出征以后，扈从军士职在保护陛下安全。任何时候都不要贪功争战，也不要与敌进行野战。如今大名到贝州一线守军统共才三万人，万一敌人攻入贝州以南，可命定州大军拨出三万军队，跟着桑赞等人结阵南下，再下令让驻守平定的雷有终部，度土门关与定州大军汇师，酌情迁往洺、邢二州之间，这时御驾才可以起程。此外，可命王超在定州城外扎营，与北面的魏能、定州守军等部相呼应。万一敌人结营于定、镇二州之郊，王超兵便不得再向洺、邢移动。可命魏能等部南下，依城屯驻，牵制敌人。让他们后顾有忧，不敢随意南下。"朝廷对他的建议都一一采纳。

自从寇准建议皇帝御驾亲征后，朝廷上下议论纷纷，持反对态度最为坚决的是参知政事王钦若、签书枢密院事陈尧叟等。随着契丹军向内地攻入，这些人活动得越来越厉害。参知政事王钦若是江南人，他建议皇上逃往金陵（今江苏省南京市）。签书枢密院事陈尧叟是蜀人，他建议皇帝西幸成都。宋真宗不知该怎么办，于是征求寇准的意见。时王钦若、陈尧叟都在身边，寇准心知是这二人的主意，假装不知道，问道：“是谁为陛下出的主意？”宋真宗道：“先不要问谁出的主意，你只说说看哪个主意更合适？”寇准说：“两个主意都不太好。现在皇上神才武略，朝中将相一心，如果您亲自率军，士气必会高涨，敌人必败。纵使不御驾亲征，出奇兵扰乱敌人，坚守不战，也会让敌军人疲马乏；然后出兵袭击，敌军疲劳而我军精力充沛，胜利的希望仍然掌握在我们手中。为什么要建议陛下抛弃宗庙社稷，远避蛮邦。那时候，人心浮动，契丹再乘势深入，天下还能保吗？出这个主意的人罪该斩首。作为不忠之臣的例子，以儆效尤。”一席话只说得王、陈二人面色苍白，冷汗直流，从此恨透了寇准。寇准也知道这二人终日守在宋真宗身边，不会有好事。尤其王钦若，特别狡诈，朝中不能留他，得想个主意，驱他出宫。一日，宋真宗对寇准说道：“天雄郡是京都门户，一旦失去，不但河朔地区沦为敌有，京城也会受到威胁。依你看，谁能为朕率领天雄郡？”寇准认为机会来了，于是说：“敌人攻到大名，形势已很危急，即使有策略，也施展不开。所以古人说：‘有智谋的将领不如有运气的将领。’那时全靠将领的运气了，我看满朝大臣的面相，只有王钦若有这个福气，可以守住该城。”宋真宗一笑，没有回答什么。

寇准马上写好敕令，召王钦若进府，要他立即动身。王钦若身为执政大臣，无缘无故，突然降职到外地做知府，而且那里又正在打仗，他本人是个文臣，何曾懂得守城是怎么一回事？手中捏着那张敕纸，惊呆了。还没来得及想该如何对付，寇准说道："皇帝要亲自率军征讨契丹人，现在不是臣子苟且偷安之时。参政是朝廷执掌权柄的大臣，一定深知其中道理。车马都已预备齐全，候在门外，也不用再入宫辞行了。希望你马上起程，免得皇上担忧。皇上不忧，你才能过得心安。"说完命人斟了两大杯酒，说道："我为你的出行而敬你一杯'上马酒'吧。"听了寇准说"皇上不忧，个人才得身安"，王钦若毛骨悚然。这明明是说：若要拖延，不肯上路，将有大祸临头。他忧虑交加，又手足无措，不知如何是好。王钦若被打发走后，坐在车子上一阵茫然，但又不时产生一种轻松感，心想毕竟寇准是宰相，若不早点离开，早晚会落入他的手中。

王钦若到大名以后，看到到处都是敌兵。《宋史》说：他不知该如何守城，只命人把城门堵了，终日在知府衙门中正襟危坐。契丹七日后退兵，王钦若以"守城功"当上了宰相。虽有些言过其实，但其无功受禄却是实情。

咸平六年（1003年），契丹兵南下，活捉宋将王继忠，宋廷以为他遭杀害，其实没有。萧太后很赏识他的才能与忠义，后来便招降了他，成了萧太后的亲信。这次随军南下毕竟是故乡热土，眼看城邑被焚坏，村落日遭骚掠，有些不忍。一天，王继忠见萧太后正为前锋不利之事烦恼，便趁此时机，建议契丹与宋和好。古人说："兵久而国利者，未之有也。"

契丹连年用兵，境况也是不妙。《辽史·食货志》说：辽圣宗时，由于战争，庄稼熟了，无人收割，民力缺乏。由于连年出兵征战，辽已力不从心，这次南伐是勉强硬撑而已。况且萧太后年纪已大，终日鞍马劳顿，疲惫不堪，也希望能早一点结束战争。听了王继忠的话，觉得不妨一试。便派小校李兴等四个人，带着辽军信箭和王继忠的书信到莫州去见守将石普，请他转呈王继忠给朝廷的一封密奏。石普不敢怠慢，当天就派人把信件送到宋廷。宋真宗拆阅后，见其中写道："去年臣奉诏命，为定州路副都部署。望都之战，从早战到晚，没有休息，物资粮食都没有运到，每人都疲惫不堪，连战马也没有草食，士兵们两日中水米未进。又过一日，臣整顿队伍，再上沙场，袭击敌人偏锋。虽有小胜，损折也颇严重。当时王超在后，竟不来援。最后，被辽军擒获，我深以为恨。不仅恨王超辈自私、寡谋，也痛恨我自己行事莽撞，进退无节，终于为小人所卖，受此终生耻辱。往事都过去了，再提还有什么用？所幸北朝念臣早年曾服侍陛下于藩邸，后来又将边事寄托与臣。不仅没有杀我，反而给我很多恩惠，把我和其他大臣同等对待。我还记得，当年皇上教导我，臣子要以息民息兵为自己的职责。如今北朝听说陛下圣德，愿与陛下重修旧好。恳请陛下俯允。"

宋真宗读后，没有说话，一会儿，将信传给左右大臣们，说："以往我们全盛之时都是与戎狄和好为利，现在更该如此！朕初即位时，吕端等就曾建议，借宋太宗皇帝丧事的机会，遣使向北朝告讣。北朝若能遣使吊祭，双方便可结盟修好。后来何承矩又请求朕告诫边臣，趁大战之后，南北双方都不愿再打仗，可以与北朝达成协议。但是朕念结好缔约是双方的事，对方有无诚意，未见表示，不可勉强。否则，自己白白地受侮辱。况且，自古以来，北方异族就是中原心腹大患。如果不是对他们有大的恩德，或者是对边境加以重兵威胁，他们的粗犷凶悍的本性又怎么能改呢？所以就没照他们的建议做。王继忠这封信也是一样，虽然情深义重，仍不可相信。”

宰相毕士安道：“近几年投降于宋的契丹人都说，契丹国畏惧陛下神武和本朝雄富，害怕有一天举兵收复幽州，所以才南下侵掠，先下手为强。如今两军交战，屡屡不得先机。有心退兵，又恐国人耻笑，才借王继忠求和，以臣看来，求和之情当有几分可信。”

宋真宗道：“卿等仅知道这一些，却不知道更多的情况。敌以兵事无成所以求和，固然是真。可是，如若答应他的请求，其后必又提出各种罢兵的条件。为使百姓免遭战乱之苦，其他条件倒也罢了，朕都能够先委屈一下。要紧的是关南土地，曾经属于辽方，必然借此机会，提出归还的要求。朕是万万不能答应，所以和谈终究是一场虚幻，还不如趁早治理军队统一思想，和他们在武力上一见高低。”于是，写了一道手诏，命石普交给李兴转给王继忠。王继忠见诏书主要是说，皇帝是一国之主，怎么能不希望停止战争呢？他若真有此意，不妨奏明契丹主，要他们通过边臣转达朝廷就是了。那意思是说：要主动求和，不能再有附加条件，直接派使者前来便可。王继忠回信请求朝廷先派出使者，宋真宗当然拒绝了，于是双方的谈判就此中断。

闰九月二十五，宋朝廷任命天雄郡都部署周莹为驾前贝冀路都部署，綦政敏为钤辖，杜彦钧为副都部署；马军都指挥使葛霸为驾前西路邢洛路都部署，王超为副部署，孙全照为钤辖。其中孙全照很受宋真宗器重和信任，这个人身材短小，性格刚烈凶悍，带军十分严厉，精通军事兵法。宋真宗特地召见他，命他除了任西路钤辖外，兼任天雄郡驻泊和东南贝冀等州钤辖，还要注意北面的军机事务，随时报奏。本来已任命了主官，却要再找这么个人留心军机事务，随时奏闻，这本来是宋朝朝廷制约、束缚大臣的习惯性设置。孙全照倒是有一番气魄，奏道："敌人的骑兵假如逼近魏城，我请求带领几百名骑兵，多至千人也可以，略使用一点战术，必定能够把他们杀个片甲不留。"宋真宗极为欣赏他的勇气，吩咐主官周莹，如果孙全照出兵迎敌，拨部分兵力给他，不要加以阻拦。

从此以后，西北边疆的战事频频传来捷报。二十八日，岢岚郡使贾宗奏："在草城川败敌数万人。"十月初四，麟府路钤辖韩守英等奏："知府州折惟昌奉诏率本部兵入朔州契丹界，前锋破大狼水寨，契丹人死伤无数，生擒四百多人，缴获牛、马、羊、驼和铠甲无数。"二十五日，保州、莫州、岢岚郡、威虏郡、北平寨等都奏称，以辅翼部队入契丹境，各掳获人口、牲畜、铠甲、器仗数以万计。

宋真宗又对其他军事和行政方面进行了调整。十月初八，派遣使臣到滨州（今山东省滨县）、博州（今山东省聊城西北）、棣州（今山东省惠民）、德州（今山东省陵县）等地召集、安抚流亡的百姓。一面命青齐（今山东省历城）、青州（今山东省益都）等州的兵部尚书知青州张齐贤兼潍、淄、青三州安抚使，知制诰、知郓州丁谓兼濮、郓、齐三州安抚使。这两个人同时又负责各自领辖区域内的行政运转和军事管理等方面的事务，都很有行政和管理才能。当时契丹的军队再次南下骚扰，百姓惊慌万分，纷纷渡过黄河，南下避难。黄河杨流渡口的船家贪图私利，不肯按时开船。丁谓从死囚牢中取一罪犯，斩于河上，说他是个贪利的船夫。从那以后，船家害怕受到惩罚，所以逃避的老百姓才能够顺利地渡过黄河。丁谓又将沿河百姓组织起来，分段守卫，各执旌旗、锣鼓、呼喝相闻，声音传得很远。契丹军见有防备，不得不退出这一地区。十五日，命王超率部向宋真宗将要停留的澶渊地区靠近，又担心西夏的军队会在西夏王亲自督战下有所行动，命知永兴军府（治陕西长安）向敏中兼管凤州兵民，可以根据情况自行行动。十六日，随驾军士有需先行赴澶州或缘河州郡驻扎者，发给装钱。

王继忠得到了宋真宗的手诏之后立即向萧太后奏明了情况。不久又通过石普转告宋朝廷说："契丹兵已将瀛州团团围住，这原是契丹旧疆，必欲得之而后已。朝廷要是有讲和之意向，应该迅速派遣使者过来。若等契丹攻下瀛州，可就晚了。"二十六日，宋真宗闻奏，对辅臣说道："瀛州城早有准备，倒是不必担忧契丹的进攻。我在想与契丹和谈的事，和谈双方都不愿意先向对方派遣使者，问题又如何解决呢？我朝先派使者，又能有何损害？"于是写了一道手诏，募军士李斌，带着信箭，将手诏送入敌营，决定派使者入辽营谈判。同时命令枢密院选择合适的使者。

宋朝的皇帝做事大都是开头很好，结果很差，旧史家已有许多论述，这件事同样如此。先派使者与后派使者的利害关系，宋真宗心明如镜，起初坚决不肯，没想到仅过了一个月就改变了主意。

这时枢密使王继英向宋真宗推荐说："殿直曹利用曾经说过，若能奉君命出使外邦，生死无所避。"宋真宗道："契丹首先表示与我朝通好，使者前往不会有什么危险。但他这样一个小官，听说朝廷有事，主动请命，值得表扬。”于是提升他为阁门祇侯，连升了六级。又让他作为崇义副使出使契丹。临行前，宋真宗嘱咐说：“契丹人南下，不是为了扩张领土，就是向朝廷要款。关南重地归中国已经很久，不可以再被契丹夺去。至于要一些款，在汉朝就有用玉帛等物赠送给单于的事情，我们不妨也给他们一些。”曹利用对契丹南侵颇为愤恨，又听说要给契丹财物，更为不满，道：“若契丹妄有所求，我宁死也不答应。”宋真宗看见曹利用出言不凡，肯定不会有辱使命，对他十分赞赏。

二十七日，以雍王赵元份为东京留守；二十八日，以权三司使、枢密直学士刘师道为随驾三司使，兼转运使。

刚开始，契丹的军队攻打定州没有成功，于是向东进军，在阳城淀将军队驻扎下来，然后沿胡卢河到关南，于十月初六到达瀛州城下。辽军兵力很多，气势很旺盛，而且日夜攻城不歇，击鼓和伐木的声音响彻四方的各个州城，并制造了各种攻城器械，驱使奚人背负门板，手秉火炬，攀缘登城。瀛州知州李延渥带领民夫和州兵，又有贝、冀州巡检史普部下士卒共同坚守，滚木礌石从城上源源而下，砸死许多城下的士兵。辽圣宗与萧太后亲自擂鼓督战鼓舞士气，同时调集了弓箭手向城上远射，掩护攻城的士兵。结果箭如雨下，而守城的士兵居然丝毫没有后退一步。直攻了十多日，双方都死伤惨重。契丹兵被迫撤退，宋军获铠甲、兵矢、竿牌数百万计。捷报传入朝廷，十一月初一，升李延渥为本州团练使，其他的将军和战士都各自得到了晋升和奖赏。

十一月初五，北面部署奏称：“契丹军队自瀛州城下撤退以后，部众尚有二十万人。欲趁南部空虚，直抵贝、冀二州和天雄郡一带。”宋真宗诏命诸路军和澶州戍兵在天雄郡集结。

自从契丹军队南下以来，河东的各个州城都是关闭城门死守，而冀州知州的王屿早就想和契丹军队决一死战，每天不停地练兵，如今终于来了机会，于是就大开城门，百姓出入城门和平日一样。他曾上疏说：“敌若到来，必战而胜之，愿朝廷不要为冀州担忧。”后契丹的游离骑兵逼到城下，果然被王屿打败。

十一月十八，以武宁节度使同平章事石保吉为驾前西面排阵使，王超为副职，秦翰为钤辖；山南东道节度使同平章事李继隆为驾前东面排阵使，葛霸为副职，孙全照为都钤辖，张曼为钤辖。

澶渊城内，定下盟约

景德元年十一月二十，宋真宗车驾自京城出发，向澶州进发。

再说到曹利用奉命出使契丹去谈和，正好赶到了天雄郡。契丹攻瀛州不下，正大举南侵，向贝、冀等州进发。孙全照认为契丹人对于和解丝毫没有诚意，于是让王钦若扣留曹利用并暂且不放回，契丹兵屡次战败，又命王继忠奏请朝廷求和，并说北朝屯兵不敢劫掠，专等朝使到来。王继忠给驾前东面副排阵使葛霸去信，请他速速与朝廷明言此事。当晚，宋真宗见到奏书，以手诏通知王继忠：已遣曹利用起行。要契丹遣使到天雄郡迎接，一面派人催促曹利用上路。王继忠得到曹利用被扣留在天雄郡的消息之后，立即上奏了朝廷，请从澶州另外派遣使者去契丹，以免误了谈和之事。

二十一日，宋真宗车驾来到长垣县（在河南省境内）。二十二日到达韦城（今城已废，址在河南省滑县东南），命滑州知州张秉、濮州知州张晟、齐州知州马应昌，巡逻监视所辖区域内的黄河防务，并且派人凿开河面的冰凌，以防止契丹军队从冰上过河。

再说王钦若在天雄郡，得知契丹军队赶到了城下，于是全城一片恐慌，根本没有办法再和部下商议守城的事，大家人心惶惶。人人知道契丹兵从北方来，南门面向京都，最为安全，防守北门最为要紧，也最危险。城中武官便争着防守南门，谁也不愿守护北门。幸亏王钦若想出一个妙法，让众部下抓阄，抓了北门的守北门，抓了南门的守南门。各人听从天命的安排，不可以埋怨。天雄郡钤辖孙全照却说："我是将家出身，老爹生我就是为了对付敌人的。我就不用抓阄了，剩下一个给我就行。"于是孙全照被派出守北门。王钦若自告奋勇，要守南门。孙全照说："那如何使得。参政是一城的主人，应该是发号施令、出谋划策和同时做决策的中心，应该镇守城市中央。否则，南北城间相隔二十多里，往来报告，必然大大地浪费了时间，耽误了时机。"王钦若暗道："这'号令''谋划'什么的，你们就别想了。'坐镇中央'倒要试试。"便痛快答应下来。孙全照平常严格训练士卒，根本不许挑选作战处所。士卒中的弩手每人手执朱漆弩，可以洞穿两层以上铠甲。接守北门后，他大开城门，放下吊桥，专等敌人到来。契丹人早知孙全照的厉害，竟不敢进攻北门，而绕到东门口进攻。一时无法攻入，又绕过东门奔天雄郡故城。辽军心里明白，即使强行攻入城中，只要有孙全照在，就仍然讨不到好处。于是趁夜在南门外的狄相庙设下伏兵，大队人马沿官道，向南直奔德清郡而去。王钦若听说敌军离开了天雄郡，认为是个机会，所以急急忙忙点了若干将领，命带领全城的精兵强将全力追击。孙全照闻讯，后悔道："这可惨了。敌人自退，必有埋伏，或有精兵断后。这是兵家常识，参政怎么就不明白呢？"王钦若张口结舌，不知说什么好。果然一会儿有人来说："追兵在狄相庙中埋伏，进退不得，请求救援。"城中除了四门守兵，已无兵可派。王钦若抓耳挠腮，不知如何是好，孙全照道："已经派出了全部精兵，如果有了一点变故，天雄郡也就没有生的希望了。我看契丹兵既退，北门不用再守了。参政率领老弱在那里顶替一下就得，我到狄相庙去走一遭。听说庙里供的唐相狄仁杰，他也是中原人，我们好歹沾点儿亲，他能不庇佑我？"说完哈哈大笑着走了出去。孙全照带着北门守兵赶到狄相庙时，天雄追兵已被团团围住，情况万分危急。孙全照率领部下冲入重围，犹如虎入羊群，奋力杀敌，左冲右突。不一会儿已经把契丹伏兵杀得所剩无几。但自己的追兵也伤亡惨重，所剩人马大约只存十分之三四，已经没有力量再去追杀敌人了。同时契丹的大部队也轻易地攻占了德清郡。知军张旦与其儿子张利涉、虎翼都虞侯胡福军等十四名战将都战死了。

朝廷让王超部大军向南进军，命令下达了一个月都没有得到执行。南下的契丹兵知道宋军的主力远远在后，更加放肆。宋真宗驻驾韦城，距契丹占领的德清郡不过百余里，快马行军不到半天。宋真宗再没有胆量继续前行，驻在原地也是日夜不安。随行人员中主张南下金陵等地者又活跃起来。宋真宗心里摇摆不定，召见寇准向他问计。寇准应召入见，还没有进门，听到随行妃嫔对宋真宗道：“外间这些大臣们要把皇上带到哪里去？前边就是契丹军营了，还不赶快回京城！”寇准入见后，宋真宗将群臣劝他往南走的话说了，问寇准以为如何。寇准道：“这些大臣怯懦无知，还不如乡下的妇女老人。现在敌军迫近，人心危惧，陛下只能前进不可后退。河北的各支部队都在恭候陛下，陛下一到，士气定能高涨。陛下如果退后几步，万众之心将立即崩溃，敌人趁机深入，就是想去金陵也不可能了。”宋真宗仍然犹豫不定，寇准离开了屋子，却在门屏间看见了殿前都指挥使高琼。寇准道：“太尉受国家厚恩，今日想怎样报答？”高琼道：“我是个武夫，愿为国家效力而死。”寇准轻声地把刚才的事情对高琼说了，高琼觉得寇准的观点很有道理，于是和他一起再次去见宋真宗。寇准道：“陛下若以臣为文官，对臣的话信不过，何不再去问问高琼这些老将军？他们这些老将军的想法和前方战士的接近。”宋真宗于是把方才的话又说了一遍，问高琼的意见，高琼道：“寇准说得对。随驾军士的父母妻子都住在京城，有谁愿意离家弃子随陛下去金陵？就怕陛下还没到金陵，原来驻扎的军士已经跑光了，所以臣请陛下不要再犹豫了，尽快赶到澶州吧！臣等尽力保护陛下安全。一到澶州，契丹便如以卵击石，一攻即破。”寇准道：“机会不可失，越早出发越好。”宋真宗见高琼与寇准同时进屋，话又相同，恐怕是两个预先协调好的。向身后一望，王应昌带着器械守候在旁边，宋真宗问他以为如何？王应昌道：“陛下代表天下公理讨伐贼人，所到之处无不攻克，别再这样逗留和犹豫下去了，否则敌人势力必定更加猖狂。倘若陛下以为过河太危险，可在河南岸驻扎，发诏书催促王超军队南下，敌人必然自退。”宋真宗这才打定主意。二十四日，车驾起行，继续向北进发。这天，天气异常寒冷，随从拿来皮帽大衣，宋真宗却不穿戴，道："将士和大臣都顶霜冒雪，不怕寒冷，朕怎能独自穿戴这些？"当晚行到卫南县，遣翰林侍读学士潘谨修先赶赴澶州。那时黄河将澶州城一隔为二，分为南城和北城。潘谨修宣读诏书说："北岸的守城将军、知州等人，一律不得擅自离开屯兵的地方到河南岸迎接皇上。"

早些时候，宋真宗答应给王继忠诏书，派使者和谈，王继忠如今又写了奏章，托石普转达。石普派遣直官张浩把奏章送给宋真宗，张浩经过契丹军营的时候，被契丹俘获，又被引见到辽圣宗和萧太后那里。张浩说明原尾后，二人对张浩非常客气，嘘寒问暖，亲热了好一阵子，然后要他带着宋真宗原先给王继忠的诏书，先到天雄郡去催曹利用起程。王钦若见张浩从契丹营中来，带的是给王继忠的诏书，而不是给天雄郡或给曹利用的诏书，故而不敢应承。于是张浩只好返回到契丹军营，把情况说了一下。辽圣宗和萧太后命王继忠连夜又赶写一道奏章，大意是和谈之事不可再拖延，要宋真宗另外派使者来。宋真宗看了以后，又重新下了诏书给王钦若，让他放了曹利用，让曹利用起程，又给王继忠写了答诏，然后对辅臣道："从来信中看，契丹是有诚意的，朕以安民息战为念，答应和谈的要求。只不过他们不害怕，仍然带领重兵深入我国国土，不知道又想打什么主意呢？如今天气寒冷，河面封冻，兵马已能踏冰而过，一定要严加防守。我心意已决，和谈中敌方若有非分要求，我一定亲自鼓励士卒，与他们决一死战，天地神灵定能帮助我一举消灭这些贼寇。"

契丹已经攻克了德清郡，当日推进到州城北，直逼宋军大营，将宋军三面包围，由轻骑从西北角突进。李继隆等部分军士，排列成阵，准备好强弓硬弩，等待敌人冲来。契丹顺国王萧挞凛，勇武过人，才智不浅，部下都是契丹精兵，他是契丹屡次南侵的主力。统和四年（986年）萧挞凛擒获杨业，逼得杨业不食而死；统和二十年（1002年），他攻破泰州城；统和二十一年，他在望都活捉了王继忠，杀戮汉族百姓更是不计其数。这次围城，他又是先锋官，根本不把宋军放在眼里，并亲自率领自己的属下，直逼到宋军的阵营前面，身后那根“顺国王”的大旗呼啦啦飘动着，在万军之中特别惹眼。宋军中有一名威虎军头张瑰守在床子弩边，在旌旗的掩映之下，只见萧挞凛骑着马来回走动，指指点点，好像十分自信的样子。眼看他越走越近，觑得准了，手拨机牙，“嗖”的一声，萧挞凛应声落马。契丹将士几十人急忙站前把他抢着抬了回去。见箭头射中前额，入骨很深。这床子弩竟是这般厉害！宋军中有一种神臂弓，以强力闻名，有效射程不过一百二十步。宋太祖时曾在郊外试床子弩，射程竟达七百步。既射在头上，哪里还有命在？当晚萧挞凛就一命呜呼了。萧挞凛是较早建议攻宋的将领之一，而且他通天文，战绩卓著，他的死，使辽军士气一落千丈。杨延昭给宋真宗上疏说：“辽军驻屯澶渊，离他的边界有千里之遥，现在他们的人马都已疲倦，虽然人数很多，但打败他们也并不困难。况且，辽军出来侵扰的都是骑兵，请求下令各军守住各条要道，就可以消灭辽军，即使是易州、幽州，也将容易袭击和攻取。”宋真宗将他的奏书压了下来。杨延昭带兵深入辽人边境，攻克其古城（今河北省徐水境），俘获很多士兵，又一再袭击其后方人员，给辽军以很大的威胁。

二十六日，宋真宗从卫南出发，到达澶州，想要以驿处的房屋为行宫，住在这里。而寇准则坚决请求去北城，说：“陛下不过河，士兵心中仍然有点害怕，敌军的士气不会受到影响，这不是取敌制胜的方法啊！如今四方镇兵汇集，越来越多，陛下还有什么不放心的？”高琼也请求过河，签书枢密院事冯拯在一旁呵斥道：“高琼，你这个武夫，你怎可对皇上无礼，难道你竟要干预皇上的行动吗？”高琼怒道：“我是武人，那是不错，不像你靠文章做了两府大臣。如今敌人就在前面，你有什么资格责备我这武夫。你倒是懂礼的人，为什么不作一首诗去退敌军，却要我这个武人冲锋陷阵去杀敌呢？”说完，也不再请示，命令卫士进辇。宋真宗还不明白是怎么回事，已经到了入北城的黄河浮桥口。宋真宗传命驻辇，问是到了哪里？高琼以戈击辇夫道：“还不赶快过河！到了这时，还有什么可犹豫的？”宋真宗没办法只好进军，一声令下，整支队伍很快就到了北城。在黄龙旗的引导下，登上城楼，全军将士望见黄盖，知道皇帝亲临前线，激动万分，齐声高呼：“万岁！”声闻数十里，士气剧增。各地调集的军队也都在向澶州靠拢。契丹军眼见这种局面，已知万难取胜，感到甚是灰心。宋真宗接着到各营壁巡视，又召李继隆以下诸将慰劳一番，赐给诸军酒食缗钱等，从驻扎当天起就在北城的行营安置下来。

这段时间，契丹屯兵于城郭，而调集王超的主力部队南下，却又迟迟不见踪影。澶州宋军虽击毙了萧挞凛，但势单力薄，宋真宗每日胆战心惊。使人探视寇准，回报说：“寇准每晚与知制诰杨亿夜夜宴乐，打趣说笑，喧哗声通宵达旦。”看见宰相如此胸有成竹，才觉得可以安下心来，当时有人把寇准和东晋时有名的宰相谢安相比。

曹利用从天雄郡来到辽军的营寨，见契丹主与宰相韩德让及群臣等同坐在一辆车中，只有前行、后行之别，礼仪十分简单，契丹命人在两副车轭上架起一块木板，摆上食物，给曹利用在车下设了座位，边吃边谈。双方分歧很多，但契丹主也不强求，只让左飞龙使韩杞带着国主的书札，然后和曹利用一起返回了宋营，去见宋真宗。宋营的礼节麻烦多了，先由翰林学士赵安仁借鉴以往制度，制定出一套契丹使者觐见的仪式，由澶州知州何承矩到郊外迎接，又命赵安仁为接伴使，专门陪伴契丹使臣。

二月十一日，曹利用带了辽使韩杞回到澶州城。先在行宫前殿跪着献上疏函，阁门使接了，交给内侍省副都知阎承翰拆封，由宰相宣读。韩杞仍然要求宋廷让出关南，宋真宗听后说道："我早就担心他们索要关南土地，现在果然是这样，你们看应该怎么办才好？"辅臣全都附和宋真宗，说了些无关紧要的话，宋真宗道："我的意思不用再说了，给契丹的答书上也不用写具体的细节，只让曹利用和韩杞回去口头转达就可以了。"

幸好赵安仁还记得太祖时期国书的体例，要不然只怕连回书都不会写了。赵安仁将国书写好后交给韩杞，朝廷又赏赐给韩杞一些礼服、金带、器币、鞍马等物。第二日辞行，韩杞仍穿着契丹服装上朝。赵安仁认为他无礼，定要他穿上朝廷赐给的汉人礼服。每年给契丹数十万财物，可以不计较，但朝廷的一点点面子，还是要计较的，而且是斤斤计较。韩杞只得换了衣服重新上殿。宋真宗又单独召见曹利用，并叮咛曹利用说："土地决不给，如果要钱绢，可以答应。"曹利用请示能给多少钱绢，宋真宗回答："逼不得已，虽百万亦可。"

宋真宗曾经和寇准商议过每年送的财物问题，而寇准的主张是一点儿也不给，还给朝廷制定了击败契丹的战略："这样做可保朝廷百年安宁。若许给岁币，是养虎遗患。虽能得眼前安宁，数十年后，契丹必然还会来犯。”宋真宗道：“能得数十年安宁，朕就心满意足了。数十年后必有新的对付契丹的办法。”寇准没有办法，想知道宋真宗每年打算给契丹多少钱。看见曹利用进入行宫，他便在外面等候。见曹利用退出行宫，迎面拦住问道：“天子所许岁币，每年多少？”曹利用道：“百万以下，都可以应允。”寇准对曹利用说：“虽然有皇上的口谕，你也不能给辽多于三十万的岁币；否则，我杀了你，让天下的老百姓心安。”

曹利用第二次到契丹营中，契丹仍坚持索要关南土地，萧太后道：“后晋感我大辽的恩德，已将关南地割给大辽。周世宗无礼强取，如今理应归还。”曹利用道：“后晋割给辽朝，周世宗重又取回，和我们大宋朝没有关系。我们只知道关南地区归宋管辖已经很久了，如果再要割给辽朝，恐怕我不能回去复命了。若每年要些金帛财物，倒还可以商议。”辽朝政事舍人高正始道：“我们这次兴兵南来，为的就是关南土地，不达目的，则愧对国人。”帐外武士齐声道：“对，不达目的，愧对国人。”契丹本来就没有那么多乱七八糟的礼节，帐中商议重要事，帐外居然乱作一团。有人拔出刀来就要往帐中闯，更多的人用契丹话叽里咕噜，骂声不绝。萧太后在一旁只是冷笑不语。待人声稍寂，曹利用淡淡说道：“我受托付而来，原本就没有打算活着回去，难道你一国之主会用这种卑鄙的伎俩来威胁逼迫我吗？”辽圣宗知道不可能让他屈服，向身后人望了一眼，有人出帐驱散围观的武士，周围才算安静下来。曹利用又道：“话到此处，已经说尽。你们如果一定要割地，恐怕就只有用战争来解决了。前些时候双方已经斗了几场，各有胜负。以后的情况怎么样，还很难预料。倘若南朝获胜，或者是不胜不败的局面，割地给辽固然绝无可能，连岁币也不能得。那样的话，一无所获，败兴而归，是不是也有愧于国人呢？还望你们三思而行。”辽圣宗和萧太后听了，知道得地已无可能，退而谈论岁币多少。曹利用紧守三十万的大关，终于以绢二十万匹，银十万两，共计三十万两匹定议，两国以兄弟相称。辽圣宗又命王继忠会见曹利用，表明：辽国主年少，愿与南朝约为兄弟；后来看见南朝边防大臣开黄河挖战壕，契丹怕宋人有别的举动便想使各议之事尽快确定下来。又怕国书写不清楚，于是辽又遣右监门卫大将姚柬之带着国书与曹利用一起来到宋营。朝廷仍以赵安仁为接伴使。这个姚柬之比较傲慢张狂，言谈中，把辽朝的兵力大大地吹嘘了一通。若论斗嘴磨牙，他岂是中原汉人官僚的敌手，赵安仁立刻就讥讽了他几句，说道：“听说你博学多才，难道没有读过《老子》这本书吗？其中说‘精锐的军队，这是不祥的东西，圣人万不得已才使用它。虽然得了胜利也不以它为美，要不然就是以杀人为快乐的事情了，以杀人为乐事的人必定是不能得到天下民心的。’”从此姚柬之不敢再吹嘘兵强。姚柬之又屡次夸奖王继忠的才干，王继忠是宋朝降将，这岂不是对宋朝的讥讽？宋人不好硬说王继忠无能，因为他已降辽，契丹人夸他，亦在情理之中。赵安仁对这种场面，也有招法，就是假装不知，说：“王继忠早年在寿王府做事，听说稍谨慎一些，其他就不知道了。”

十二月初六，宋真宗接见了姚柬之，姚柬之也献上了国书，宋真宗答应王继忠的请求，命近臣、刺史李继昌以左卫大将军的名义，带着誓书到契丹营缔约。同时允诺契丹撤退的时候宋军绝不会沿途追击。曹利用刚回来，即到行营向宋真宗报告双方议定每年的岁币。宋真宗正在用膳，不能即刻召他进来，又急于知道岁币的数目，于是派一个小太监前来询问。曹利用道："这样重要的事情，我要亲自面奏皇上，怎么能随便对你讲呢？"太监回复以后，宋真宗又派人来问，说："你先说个大概，皇上既然派我来，你就应该相信我。"曹利用仍不肯说。又问了好几遍，他才伸出三个手指头，颤抖地放在前额上，内监回明宋真宗说："他只伸了三根手指，莫非是三百万吗？"宋真宗惊呼道："啊呀，太多了！"过了一会儿，又道："只要能结束这场战事，也只好如此了。"因为这里的行宫只是一处狭小的房子，室内说话，曹利用在外听得清清楚楚。但他有意给宋真宗一个惊喜，宋真宗接见他的时候，一再地问岁币数。曹利用边叩头边说："数目太多，臣罪该万死。"宋真宗一听，心中越发焦虑，忙问："究竟是多少？"曹利用才说道："银绢共三十万。"宋真宗长长地透了口气道："原来如此，你可把朕急坏了。"宋真宗认为只有三十万，是占了个很大的便宜，对曹利用大加赏赐，提拔他为忠州刺史，东上阁门使，在京城赐房屋一座。东上阁门使为正六品官，曹利用自十月丙午初受任到十二月丁亥共四十一天，即由正九品的殿直官升到正六品，而在正常情况下要经过数十载才能做到。这次和谈是在澶州达成的，澶州又称澶渊郡，所以史称这次和谈为"澶渊之盟"。

十二月初九，宋真宗因为战事已经结束，即将返回京都，便做了一首《回銮诗》，又命近臣赓和到北寨慰劳将士，皇上和大臣之间自然有一番谦让。李继隆道："戎虏来到澶州城下时，大家都认为应该进城去守，只有陛下英明，要诸军在城外结营，才得以将挞凛击毙。"又说："契丹退兵，群臣都要乘机袭杀戎寇，都因为陛下有好生之德，有安定百姓的思想，才不让出击。这次以不战而胜都是陛下英明所致，我们一点儿功也没有。”宋真宗道：“自古北边为中国大患，今天能使契丹畏惧中国之威，深深地钦服中国的大义，平息战争，安抚百姓，我心中非常欣慰，我也明白这些都是你们的帮助啊！”你一言，我一语，君臣互贺，好像得了契丹的岁币，而不是自己给契丹岁币一样。

北面州军报道：“契丹北去，又不立即退出塞外，日日派游骑四出掳掠。贝州、天雄郡居民深受其害。”宋真宗诏命高阳关副部署曹璨率所部开赴瀛州，途中若见契丹军抢劫，予以打击。另遣张凝为缘边巡检，自天雄郡中选拔二万骑兵为后援，尾随契丹军而行，直到把他们送出国境。又写了一封手诏给王继忠，要他转告契丹主，把所有掠去的老人、孩子放回来。

十四日，宋真宗在行宫大宴群臣。宰相毕士安因病滞留京都，这一天也赶来朝贺。群臣有的认为岁币三十万，数目太大。毕士安道：“如果不给这么多岁币，辽人就不会真心与我们和好，不久必然再次南侵，战事定难彻底平息。”

十五日，宋真宗从澶州起驾回朝；十八日，到达陈桥。与契丹交换誓书的李继昌归来，契丹使丁振带着契丹的誓书也一同来朝，宋真宗赐了一顿宴饭后，命令曹利用把他送出境去了。张凝等奏称：契丹军沿途不敢再到处抢劫，已退出境外。十九日，宋真宗回到京城。在宋真宗北上澶渊前后，寇准因为好多事情处理方法不合宋真宗心意，于是主动向宋真宗请罪，由于事情已有圆满结果，宋真宗不但不怪罪，反而更因其才干而信任他。不过寇准年轻好胜，后来又半假半真地说道：“臣虽违诏有罪，但是如果我不违背您的旨意，澶渊之盟岂能缔结得这样快捷呢？”宋真宗大笑道：“你不是向朕请罪，是来邀功的。”寇准也大笑，君臣之间更加融洽了。

第三章 加强集权，重用旧臣

宋真宗在位期间完善了多项制度，其中较为突出的是官员荐举制度、官员俸禄制度、货币制度。宋真宗很重视选拔人才，尤其重视选拔现有官员中的人才，由此就对官员荐举制度做了较大的修改和补充。

登基伊始，刷新政治

新皇帝即位，有些事是例行公事：如安排已故老皇帝的丧事，发布大赦，给大臣、官员们普遍施恩，封原皇后为皇太后，立皇后，将皇帝自己的生日确定为节日等。除此之外，宋真宗还做了一件必须做的事，那就是处理那几位企图发动政变拥立赵元佐做皇帝的人。宋真宗不知听了哪位高参的意见，此事处理得非常恰当，首先，处理他们时并没有讲他们是因为政变未遂被处置的。处理胡旦，是说他起草诏书“颇恣胸臆”，“语复讪上”，即有诽谤言辞。处理王继恩、李昌龄，是说王继恩“与昌龄等交通请托，泄露宫禁语言”；其次，除王继恩外，所受处罚相对不重，而且不久就都得到从宽处理。这样做自然有利于淡化此事，消弭后患。

吕端在促成宋真宗做皇帝一事上起了关键作用，而宋真宗即位后稳定局势也离不开吕端。于是，宋真宗便对吕端显示出特别的尊崇。他每次见到吕端，一定要“肃然拱揖”致敬，从不直接称呼吕端的名字，而只以官名作代称。吕端晚年体胖，宋真宗怕宫里台阶太高、太陡，专门命人加以改造，以便吕端上下。吕端对于治理国家提出了许多建议，宋真宗都欣然采纳。

宋真宗又请出老将曹彬做枢密使。曹彬是宋初名将，多次作为统帅建立功勋，特别是平南唐之战打得尤其漂亮。曹彬与其他战将不同，他颇有儒者风度，谦虚谨慎，从不居功自傲。他在宋太宗在位时期，二次率军北伐，都打了败仗，这实际是宋太宗“将从中御”方针的恶果，曹彬却为此承担了责任。宋真宗起用他为枢密使，显然有利用他资深望重以震慑众武臣的意义。

宋真宗做了皇帝，对其母亲原先的偏妃地位自然不能容忍。宋真宗即位的当年七月初四，先追封母亲为贤妃；转年正月初六，再追封母亲为皇太后。宋真宗生母原葬于普安院（佛教寺院）内，这时决定改葬。此后动用大量人力、财力在皇陵内修墓，咸平三年（1000年）将宋真宗生母改葬于皇陵内。追尊生母，一方面可以加强宋真宗自己的权威，另一方面也可向世人显示宋真宗本人的“孝道”。

这里应当简略讲一下宋真宗的作息习惯。宋真宗在位前期是很勤政的。他每天很早就上朝，先在前殿处理政事堂、枢密院、三司、开封府、审刑院等申报的最重要的事情，然后才吃早饭。吃罢早饭在后殿处理其他事务，或检阅考核军兵，到正午停止，下午比较灵活多样，有时找大臣谈话。晚上是宋真宗与儒臣一起讲读经书的时间，有时讨论得很晚。他因游猎或女色而耽误朝政的事是较少的。

提倡节俭，完善制度

宋真宗即位之始，就提出了节俭的主张，他曾对宰相张齐贤说：“国

家所应谨慎对待的事情，首要的一件就是俭约，在上面的人节约爱人，民间的风俗自然会变好。”他又对宋太宗亲自洗衣服一事表示钦佩，反映了他对节俭作风的推崇。大中祥符八年（1015年）有关官员提出要更新宫内锦绣地毯、坐垫等，宋真宗说：“这些东西只是上朝的大殿等公开场合用，朕在内宫并不需要，以后全都换成用黄绸、紫绸制作的算了。”接着他表扬了宦官卫绍钦和魏昭易：说有一次他听见房外争吵，出去一下，原来是有的宦官违反制度多领物品，被卫绍钦夺回。魏昭易主管御厨，也曾制止多领食物。接着他说：“国家一毫之用，尽出于民，如果主管官员都能爱惜财物，那么就可以减少向百姓征收的赋税。”

宋真宗本人是否真的能以身作则厉行节约难以确知，但他却是很注意提倡节俭的，其中大力抑制奢侈服饰尤其是销金服饰最为突出。宋真宗在位期间，先后不下20次发布诏书禁止销金服饰。

大中祥符元年（1008年），宋真宗除下令禁止销金服饰外，且诰命夫人之外的妇女不许佩戴黄金首饰。他还下令皇帝、皇后用品也不准用销金、文绣一类制作，并要求将有关禁止销金等服饰的诏令发给亲王、公主、主要外戚每人一份，警告他们不得违犯。此年东封回京，后宫杜氏自恃是已故杜皇后的侄女，在迎接宋真宗时服用销金衣服，宋真宗大怒，勒令她出家作了道士。

此后，官方又一连用严刑惩治了几个违犯法令制作、销售销金衣服的工匠、商人等。大中祥符四年（1011年）开封府发现专为皇宫制作物品的后苑有工匠为百姓制造销金衣服，拟判笞刑，宋真宗认为判得太轻，亲自决定判这个工匠刺面流放远方。宋真宗禁止销金服饰从皇宫开始，又颁布了严厉的刑法，使得在一个时期里销金一类服饰基本绝迹。

宋真宗严厉禁止销金衣服在一定程度上抑制了上流社会的奢侈风气，也减少了官方不少开支，是有积极意义的。当然，宋真宗在这里使用的是专制手段，其做法是否全都妥当也是很难讲清的。

宋真宗在位时期与宋太宗在位时期不同，宋真宗已无须再考虑为儿子争皇位的事，他无须再对兄弟、侄子动杀心。但是宋真宗清楚，对自己的兄弟、侄子甚至侄孙子也不能全无防范之心，因为这些人毕竟也是龙子龙孙，这些人中难保没有心存非分之想者。宋真宗从小受儒家伦理教育，又很重视家族内的和睦，宗室就采取了“亲而不纵、养而不用”的方针。

所谓亲而不纵，是指对宗室成员亲近的同时，又用很多制度加以约束。说到对宗室的亲近，这是宋真宗同他父亲有明显区别的地方。前文已述，宋真宗对宋太祖、赵廷美的后代主动亲近，努力作出像对自家人一样的姿态。宋太祖、赵廷美的某个孙子病了，他通常都派人或亲自去探望；某个孙子去世，他常常是亲自去临丧，有时哭得让在场的人都为之动情。宋真宗亲近宋太祖和赵廷美的后代，他善待赵惟吉和赵德文就是实例。

赵惟吉是宋太祖的孙子，身体多病，宋真宗曾多次亲自探望他，有时还亲自用艾条为他灼疗。宋真宗让宫内给自己做饭的御厨每天给赵惟吉做饭并派人送去，在赵惟吉病重期间，宋真宗令人找和尚为赵惟吉建道场禳灾。赵惟吉死后，宋真宗知道他擅长书法，就令人把他的作品收集起来，亲自编为七卷，作了序言，又令人交秘阁收藏。

赵德文是赵廷美的第八个儿子，从小好学，经史百家无所不读，文章写得很好，宋真宗对他刻苦学习很是赞赏，开玩笑称赵德文为“五秀才”（因赵德文排行老五），这一称呼后来为宫里人共用，人们都称赵德文为五秀才。宋真宗东封泰山、西祀汾阴、南下亳州等，每次赵德文必献文祝贺。宋真宗也时时赐他诗，让他应和。有时赵德文也献诗给宋真宗，宋真宗也会赐应和的诗。有一次赵德文患了一种怪病，请了好几位医生都治不好，有人说江南有一位医生能治这种病，宋真宗特通过驿站将此医生召来为赵德文治病。赵德文几次向宋真宗请求，希望得到一位名士做师友，宋真宗特命杨亿与他交往。

宋真宗对自己的亲兄弟姐妹、亲侄子侄女自然就更为亲近。

尽管宋真宗对兄弟姐妹、堂兄弟姐妹、侄子侄女、堂侄堂侄女都显得很亲，但又用制度严格加以约束，对这些人提出的过分要求，宋真宗都不讲情面地予以回绝。景德四年（1007年）宋朝举行了郊外祭天大典，不少宗室趁机提出许多要求。宋真宗对知枢密院事陈尧叟说：“如果都满足他们的要求，那些实有劳绩的官员就会有意见，以后凡属制度外的要求，一律不要批准执行。”陈尧叟说：“以前陈国长公主为儿子求官，有的皇亲去外地买东西要求免税，晋国长公主为某犯罪官员说情，我们向陛下请示，陛下一概不准，我们就已了解了陛下的心思。”宋真宗说：“有人提要求时，还引用太祖、太宗的先例，朕总是说，朕的功业不能同先帝相比，所以也不能像先帝那样施恩。皇亲们近来也懂得了凡事都要遵守制度，非分的要求也少了。”大中祥符五年（1012年），宋真宗又专门下诏重申，对宗室成员的亲戚请求担任在京职务的，要严格审察其是否胜任。

所谓养而不用，就是宋真宗对宗室成员给予高官厚禄，却绝不安排实际职务。在宋太祖、宋太宗在位时期，宗室成员都是可以出外担任职务的，如担任知判州府等。宋真宗即位初还有这种情况，但后来宋真宗改变了这种做法，他干脆不让宗室担任任何实际职务。不但不让宗室担任实际职务，而且限制宗室成员的行动。他为宗室成员建造了所谓“南宫北宅”，让他们住在里面，不经通报不得随便出入，不得随便会见客人及与官员往来。

宋真宗把宗室成员关在高墙大院内，限制其与外界交往，却要求这些人读书，学习写诗文、书法、音乐、射箭。他为这些人配备了老师，制定了严格的学习制度，还经常检查近亲的学习情况。他还常常与宗室成员诗歌唱和，晚年他令人编成《诸王唱酬诗集》，亲自为此书作序。

一方面，宋真宗对待宗室的办法，对当时的国家和社会都是有好处的，因为这些做法避免了宗室成员仗势在民间横行霸道、扰乱正常秩序现象的发生，避免了前代因宗室成员与外官勾结谋求皇位而导致的许多动乱。从皇族自身讲，这一做法也避免了过多的自相残杀。但是，从另一方面讲，把宗室成员关在大院内，处于一种与外界半隔绝状态，又使宗室成员几乎失去了为社会做贡献的机会，失去了许多人生的乐趣，这又是很不人道的。在宋真宗统治时期，皇室近亲多数寿命只有30～50岁，这同他们特殊的生活环境有直接关系。

宋真宗下过许多关于官员荐举制度的诏令，其中大中祥符三年四月（1010年5月）的一次诏令内容最为丰富。这一诏令对官员荐举做了系统的规定，其中包括：规定翰林学士以上高级官员，每年必须荐举京官以上文官、低级文官（当时称为“选人”或“幕职州县官”）、武官各一人。

三司使、副使，地方上的转运使副使、提点刑狱、知州、通判等，每年必须荐举属下官员若干名。奉命出使的官员返回后必须报告关于沿途和到达地的地方官员优劣情况。凡不按规定荐举者，要给予惩罚。凡一位官员举荐的三名以上被荐举者有政绩，有奖；凡一位官员举荐三名以上的失当官员，有罚。被荐举者犯罪，举荐者要区别情况受处罚。

关于被举荐者犯罪如何处罚举荐者，是个执行起来颇困难的问题。宋真宗曾召集大臣们对此作过多次讨论，做出了不少具体细致的规定。如规定一位官员在担任某一职务时被举荐，而他在担任另一职务时犯了罪，则对担任前一职务时的举荐者不予追究。被举荐者犯罪较轻或处理公务时误失犯罪，不追究举荐者的责任，被举荐者犯赃罪一律追究举荐者的责任等。

宋真宗时期对官员俸禄制度做了较大调整和补充。宋真宗一即位，为笼络人心，就提出了调整官员俸禄的问题，但实际落实，却在宋辽议和以后。景德三年（1006年），他下令增加在任地方州县官的俸禄。次年，他下令官员俸钱一律支给现钱，在此之前，俸钱是折支实物的，实物定价很高，官员俸钱名实不符。此次明确规定：在京官员按原额十分之六、外地官员按十之四支给现钱，虽然从数量上有所减少，但却名实相符，官员们并不吃亏，且消除了混乱。又次年，宋真宗下令颁布宦官俸禄标准，在此之前，宦官俸禄是没有定制的。大中祥符五年（1012年），宋真宗下“定百官俸诏”，以普遍增加俸禄的名义颁布了新定的百官俸禄数额。这是宋朝建立以来第一个关于官员俸禄的系统规定的文件，反映了宋朝官员俸禄管理开始步入正轨。

宋朝灭掉后蜀后，起初在四川沿用后蜀旧制，实行铜、铁钱并用的办法。但由于官方把大量铜钱输送朝廷，留在四川地区的铜钱越来越少，市场出现混乱。宋朝政府面对这种状况举棋不定，致使钱币的混乱长时间不能结束。

宋真宗即位之初，这个问题就被提了出来。当时四川地区驻军是以铜钱定额、实际折支铁钱的。由于铜钱因少而贵，铁钱因多而贱，而折算比价是固定的，这样，就造成军人的实际俸禄收入有不断减少的趋势。百姓以铁钱折计铜钱又造成官方税收的减少。根据有关官员的申报，宋真宗二次下令调整铜铁钱折算比价。

为了整顿四川币制，景德二年（1005年），宋真宗批准了知益州张咏和本路转运使黄观的建议，在四川铸行“景德大铁钱”，每枚折计旧铁钱10枚、与铜钱同值行用。新铁钱开始行用，起到了消除混乱的作用，但也促使铜钱在四川最终退出流通。铜钱退出流通以后，新的问题发生了：铁钱铸行过多，购买力下降，一斤铁钱竟比不上一斤铁值钱，民间就把大量铁钱熔化制作铁器，大中祥符七年（1014年）宋真宗采纳知益州凌策的意见，改铸减轻铁钱，每贯铁钱原重25斤，现改为12斤多，同时减少铸行数额。这以后，四川货币在较长时间里相对稳定。

宋辽议和之后，宋真宗和他的臣下还做了一件对后世影响较大的事，那就是编订《会计录》。所谓《会计录》，是一种全面反映国家财政状况的综合性文件，它包括各项收入和支出的详细数字和有关官员所做的分析。这种文件对于统治集团了解国家现状、改善国家治理是很有帮助的。唐朝时就有人搞过有关军需供应等方面情况的类似文件，但远不如宋朝的会计录内容全面和丰富。

说到《会计录》的编订，还应肯定心术不正的丁谓在这方面的贡献，第一部《会计录》就是在他主持下编成的，他于景德四年（1007年）将它献给宋真宗，共6卷。当时大约宋真宗已动了封禅的念头，丁谓此举的目的之一就是想说明国家财力充沛，无须过虑的。1016年，三司使林特又编成第二部《会计录》。此后，宋、明二代曾编成多部《会计录》，有的保留至今，成为珍贵的史料。

慎用刑选，处理贪赃

公平地讲，宋真宗不是个残暴的君主，相反，他是一位颇有仁慈之心的皇帝，主要表现之一就是他主张谨慎用刑、去除过分残酷的肉刑，而且反对法外用刑。

景德三年（1006年），有人揭发都官员外郎窦言甄在以前任知长安县时用刑苛虐，宋真宗很生气地说："管理百姓的官，不懂道理，用刑残酷，这是应当被撤换的。"就让窦改任闲散职务。

大约在景德元年（1004年）前后，文人钱易上疏讲，近年非法酷刑流行，有断截手足、钩背烙身等，请求取缔。宋真宗对他的意见很赞同。大中祥符三年（1010年），宋真宗又下诏禁止法外行刑，特别批评了在处死逃亡兵士以前烙伤手腕、敲碎胫骨以及对应处笞刑者随意增加笞数等行为。大中祥符七年（1014年），有个犯人犯了杀人罪，知杂御史王随出于一时气愤，建议判此犯人脔刑。宋真宗说："定刑自有常法，怎能用这种刑！"只给这犯人判了死刑。同年，宋真宗又下令禁止宣判后行刑时任意增加杖打数。

宋真宗也反对对嫌疑犯用酷刑。景德四年（1007年），蕲州黄梅（今湖北省黄梅县西北）县尉潘义方抓获一名抢劫犯，此犯讲有赃物收寄在朱凝家，潘义方下令将朱凝逮捕，严刑拷打，并用牛皮蒙住头部，勒令招供。朱凝忍受不了酷刑折磨，做了假供。后来真相查明，有关方面给潘义方定了罚款（赎金）的处分，宋真宗不同意，改为撤职，并向全国通报此事，禁止使用非法刑具审问犯人。

景德四年（1007年）宋真宗下令妇女犯罪较轻，又非故犯，只要鞭打若干或者适当罚款就可释放。1014年，官员孙韪犯了赃罪，有关部门逮捕他的妻子长途押赴审案处，丢下三个孩子无人照管，情况凄惨。宋真宗听说后，就下令以后办案时不得远途押解妇女取证等。

沙门岛是宋代关押被判流放重罪的犯人的地方。有一次，一位出使到此地附近的官员回京向宋真宗报告说：岛上犯人因缺粮饿死的很多，然而按规定又不能给岛上犯人供应粮食。宋真宗却下令此后给岛上犯人供应口粮。大中祥符七年（1014年），宋真宗听说犯人在押解途中死亡的很多，就下令：犯人转移途中官方要配给口粮，不许逼迫犯人过快地赶路，在途中不许随意捆绑和殴打，生病者官方要给予治疗，死亡的要查明是否系正常死亡，否则要追查责任。

大中祥符六年（1013年），宋真宗命令审刑院、大理寺与负责财经事务的三司共同审议有关法律，根据他的意见，将违反茶盐酒矾专卖法、私铸铜钱、私造军器、私贩香料、私携铜钱出境、夜间聚会搞非法活动等12类重罪的定罪，都做了减轻。

宋朝时常有把犯人长时间关押而不能及时审决的情况。宋真宗经常亲自主持审决京城各处的在押未判的囚犯（时称“虑囚”），分派官员到御史台、开封府、三衙等处审理，有时他本人还在崇政殿等处亲自审决一些犯人。特别是每年夏天暑热季节，几乎都搞一次“虑囚”。这种做法，可以使无辜者早得解脱，有罪者也早得判决，免得长时间在狱中受折磨，是很仁道的。

宋真宗对于选择刑事执法官员比较重视。他在位时期，对于在大理寺、御史台、审刑院等处任职的中下级官员的选择是比较慎重的，而担任这些职务的官员如果不犯较大错误，则可以比一般官员提升得快，俸禄待遇也比一般同级官员要高。

大中祥符三年（1010年）宋真宗对宰相说：“负责刑事的官员，一定要认真挑选。朕经常想，天下每天都要办案子，如果官员任用不当，不知会使多少人蒙受冤屈。有些既无钱也无势的百姓，不能自己申诉，朝廷也无法知道他们的实情。前几年有一个县里的小吏喝醉了酒，同一名送信的军卒打起架来，夜里回家，倒在路边。有人把这情况告诉那送信的军卒。说你应该去看看他，不然夜里会冻死的。军卒赶到时，小吏已经死了。官府将这个军卒逮捕，说他打架把人打死了，判了死刑。军卒的老母听说了，赶到京城申诉，办案的官员又判定老母申诉失实，痛打一顿赶回故乡。回家一看，儿媳妇已将家产全部变卖，改嫁他人了。这完全是因为判案的官员不合格，搞得他们母子陷于绝境。”

同年，他下诏规定：各州的司法参军，如果判案量刑失当，凡应判徒刑、流放以上罪而不判，或者不该判徒刑、流放以上罪而误判三次以上者，任满暂不安排新职，各州长官遇到本州司法参军出现如上问题要及时举报。宋真宗就此事对宰相和执政大臣们说："细致公平和运用灵活，反映人品的优劣。就如同有的人读儒经读得虽多，但并不了解其中含义。法官执法也像读书人读经，要了解立法的本意，不能死扣法律条文。"

宋真宗对官员用严刑建立个人威信的现象很反感，几次要求注意纠正。大中祥符六年（1013年）他对宰相王旦说："执法官员，应当力求适中，不应总想把人置于绝境。朕听说有的地方官用酷刑来树立个人威信，这很不像话。朕希望爱卿等询查是否有有上述毛病的官员，如果有，就将他们调离现职。"

第二年里，他又对王旦讲，听说知永兴军陈尧咨用刑峻酷，应当对他提出警告。他又说："永兴军路有一名叫窦随的提刑，专门找人毛病激人犯罪，再加重判刑，以树立自己威信，这种人应当斥责。"

宋真宗对刑事机构也做了一些变更，最引人注目的是在京城设置纠察刑狱司、在地方上设提点刑狱司。

本来，京城负责刑事方面事务的有尚书刑部、大理寺、审刑院；另外，御史台兼管涉及官员的案子，而侍卫马、步、殿前三司兼理军兵的案子，开封府负责本府管内的案子，当时朝廷没有赋予刑部统管刑事的职权，这样就难免有混乱情况存在。

大中祥符二年（1009年），京城里发生了一件事：开封府因为一件案子牵涉了读书人廖符，就将其逮捕，在酷日下暴晒，又在审讯中拷打，结果发现廖符与此案并无牵连。有人将此事报告宋真宗，宋真宗认为让一个无辜的人遭受如此虐待很不像话，他认为之所以会发生这种事，就是因为负责刑事的官员为所欲为，缺乏必要的监督。为了防止类似事情不断发生，他下令设置纠察在京刑狱司。这一官司的职责，就是对京城内所有负责刑事审判、能施刑罚、设有监狱的机构实行监督。凡处理徒刑以上的罪，都要向此官司通报，此官司有权查询复审，有处理不当的有权向朝廷提出。凡京城内上述机构有误判、渎职或违法等情况，此官司的官员有权对责任者提出弹劾。

纠察在京刑狱司的设立起到了对在京各刑事审判机构的监督作用，使它们的行为受到法制的更多的约束，对百姓是有好处的。但它与御史台、大理寺的某些职能有彼此重叠的问题，在这一意义上，它又加重了宋朝官僚体制的混乱。

宋朝建立后，接受唐朝藩镇割据“尾大不掉”的历史教训，改变了节度使、观察使统管一道军政大权的体制，州郡不再受节度使、观察使的管辖。但全国300多个州也不宜事事都直接由朝廷管理，于是，宋朝在州与朝廷之间设了“路”，各路设转运司，转运司主要负责调配财赋，兼管监察本路官员、本路民政事务等。它与本路各州长官的关系同唐朝各道节度使、观察使同本道各州长官的关系相比，它对各州官员的统属关系更弱，它基本没有军权。本来，各路的刑事事务也是由转运司兼管的，但转运司事务繁多，往往对刑事事务有所忽视。宋太宗时，曾一度在转运司内设负责刑事的官员一员，但不久又因故撤销了。

景德四年（1007年）初秋的一天，宋真宗对宰相王旦说：“关心百姓疾苦，就应当选择任用好地方官，这件事朕无时无刻不挂在心上。但全国地方那么大，地方官那么多，难免有任用不当的。如果是负责刑事审判的官员任用不当，一个人受了冤屈，就可能导致上天发怒降下灾祸。现在每路的州县那么多，转运使怎能顾得过来，先帝曾在各路委任专门负责刑事的官员，这个做法应当恢复，不必隶属转运司，向且可以给他们分别配备一名武官做副手。请政事堂、枢密院拟个名单给朕。”

他又说：“河北、陕西地处边疆，尤其需要用人得当，选择性格平和有操守的陈纶、李权、李及较为适合。”不久，其他人选也都确定下来，宋真宗在长春殿接见他们，向他们说明了朝廷的用意，打发他们上路。这些新被任命的官员担任的职务名称就是各路提点刑狱。

随后，对各路提点刑狱的职责和待遇等做了如下规定：提点刑狱须定期到本路所辖各州检察刑事审判、监狱等方面的情况，所到之处官员不得迎送聚会。各州应每10天向本路提点刑狱书面报告在押犯人案情、诉讼审判情况，如果断案失当，定罪轻重失衡，提点刑狱有权复审、推翻原判，并弹劾责任者。提点刑狱对本路其他官员，也有监察权，对失职懈怠、贪赃枉法者，也可提出弹劾。朝廷给每位提点刑狱颁发盖有皇帝御前大印的册子，专门记录个人功过，三年任期届满，由政事堂、枢密院考核，以定奖惩。为了表示对担任此职者的恩宠，这些人在职期间无论官阶高低，都可以穿原本只有高级官员才能穿的紫色官服。另外，这些人还可享受与转运使数量大抵接近的在职津贴。

提点刑狱的设置，加强了地方的刑事管理，使州县刑事官员得到有效监督，防止和避免了很多错案发生，有利于社会的稳定。但提点刑狱与转运使没有统属关系，就使当时路一级有两个官僚机构，这使得路一级的管理复杂化，也造成一些弊病。

宋初，即宋太祖、太宗在位时期，对官员贪污，处理很严厉，稍重一些就要判死刑（包括弃市、乱棍打死等酷刑）。这种做法对于扭转唐末、五代以来吏治混乱的情况是必要的，但这种做法毕竟偏离了法治的轨道，难以长久实行。从宋真宗时起，对贪赃者的处理逐渐进入法治化阶段，对贪赃者的处理也由动辄杀头的“硬”办法转向防治结合的“软”办法。

大中祥符八年（1015年），宋真宗对宰相王旦等说：“有好几次上疏的人谈到官员犯赃罪者增多，是不是朝廷对赃官惩治得不够呢？”王旦说：“现在官员犯赃罪性质严重的，只要是一贯钱以上的，就可能失去行动自由，即使遇到大赦，只是恢复自由，经过两次大赦，不过得个参军、文学一类的小官，一辈子被士大夫们看不起。即使犯了较轻的赃罪，遇大庆典赦罪，也不过得个判司簿尉一类的低级官，每次调换职务，在给吏部写的书面材料中都要明确写出自己犯过的罪行，所受的羞辱可谓无以复加了。所以，官员们都怕犯赃罪。只是从先帝时起，不愿多杀人，往往对该判死刑者施行宽恕，这也是一种仁政。”王旦的话表明，当时对官员犯赃罪的防范办法已是相当完备，只是对犯赃罪的官员全都不杀，也有弊病，失去了一个对犯赃罪者最有威慑力的手段，后世赃罪的泛滥，与此不无联系。

宋真宗于天禧元年（1017年）规定，官员犯赃罪不论轻重都要处分曾荐举过他的官员。次年又重申了这一规定。按照宋朝制度，官员必须有人推荐才能晋升，实行这种连坐法，就使推荐者要对被推荐者进行认真考察，尽量避免推荐那些有可能犯赃罪的人。这对官员贪赃的防范也有积极作用。

从上面叙述的实例可以看出：宋真宗在位中期和后期，犯赃罪的官员已基本不处死刑，而犯赃罪的现象也很少，说明当时防范官员贪赃的软办法也是有其成功之处的。

宋真宗时期，有几个贪赃案子，情节较严重，是在宋真宗本人直接过问下审决的，影响较大。

大中祥符元年（1008年），有人揭发知晋州（今山西省临汾）齐化基贪赃枉法，受贿折成绢达500匹以上。宋真宗派人去审讯，齐化基不服罪，为自己多方狡辩，宋真宗只好一而再、再而三地更换派去的人。最后派御史艾仲孺去才结了案，齐化基被判免官、黥面、发配崖州（今海南省境内）。

大中祥符七年（1014年），眉州（治今四川省眉山县）百姓孙朴到京告御状。原来，孙朴的侄子孙延世伪造祖父的遗嘱，想把已归孙朴的价值300贯的田产夺归己有。孙延世到本路告状，本路提点刑狱司把此案交眉州通判黄莹审理。在审案过程中，眉山县尉高用收受孙延世贿赂钱70贯，替他涂改本县丁产簿用作证据，黄莹又收受孙延世贿赂的黄金30两，就把田产判给了孙延世。夹江县县令李干受命复审此案，又收受孙延世黄金4两，维持原判，并令人把孙朴赶走，将田产正式交孙延世掌管。孙朴在本地有冤无诉，只好到京城告状。宋真宗令人查明实情，本来依法黄莹、高用、李干都要判死刑，因为当时有庆典大赦，于是减刑，判他们三个人除名后到边远地区充军。

大中祥符九年（1016年），发生了京郊咸平县（今河南省通许县）百姓张赟家财产案。张家是本地富户，但不知为什么却屡遭不幸，全家死得仅剩张赟的妻子卢氏和张赟的侄子张质，于是，财产的归属就成了仅存者的争夺目标。张赟的妻子卢氏控诉侄子张质酒后非礼，张质是张家的养子，卢氏此举的目的显然是想独占张家财产。张质也不甘示弱，他贿赂吏人，请权知开封府慎从吉的儿子大理寺丞慎锐向本县官员求情，于是本县判张质恢复刘姓，却仍与卢氏同居张家。卢氏、张质此后不断发生冲突，案子告到府里。慎从吉命户曹参军吕楷处理此案，卢氏堂叔虢略县县尉卢昭一用钱3000贯贿赂吕楷，吕楷却以需传刘家（时在远方）人作证为由拖着不办。卢氏的哥哥太子中舍卢文质又通过文人吴及以钱700贯向慎从吉的长子慎钧行贿，慎钧就将此事向父亲报告，而隐瞒了自己受贿有事。卢氏再次向开封府上诉，开封府交属下右军巡院处理。

卢氏的另一堂叔卢澄曾写信给翰林学士钱惟演，要他告诉慎从吉，说事情涉及慎钧、慎锐，不要着急处理。

慎从吉发现事情涉及自己，秘密上奏宋真宗，请求让御史台审理此案，宋真宗没有马上答复。纠察刑狱王曾、御史知杂赵稹也发觉此案涉及慎从吉本人，认为右军巡院是慎从吉的属下，不宜再审此案，但赵稹认为御史台也难以承担此事。宋真宗于是专门委任殿中侍御史王奇、户部判官梁固审案，而派宦官潭元吉监审。办案中逮捕了有关的人100余人。结案后，对有关官员做了如下处理：慎从吉推迟晋级时间，钱惟演罢免翰林学士，吕楷、慎钧各降二阶官，分别撤职流放外州。慎锐、祝坦、卢文质各降官一阶，祝坦降任濠州参军。卢昭一除名，受杖刑后流放外州，其他责任者也受了处分。另外，卢澄也被判受杖刑。

时隔不久，又有人揭发了京郊太康县知县高清贪赃枉法有罪行。高清进士出身，父亲高士宏曾任库部郎中，级别不低。他又先娶寇准弟弟的女儿，后娶李沆的女儿，社会关系广泛。他依仗权势收受贿赂，胡作非为，做了许多违法的事。在高清开始受到弹劾时，慎锐曾趁机向他索借白银70两，张、质一案爆发后，慎从吉很害怕，就主动向宋真宗揭发了慎锐向高清索借银两的事及关于高清做不法事的传闻。宋真宗先委任驾部员外郎刘宗言、监察御史江仲甫审理此案，结果逮捕了逃匿的高清，抄了高清的家，发现了大量赃物及违禁品。但宋真宗对审理结果似乎并不满意，又令屯田员外郎丁谨复审。于是判定，判高清死刑，慎锐免官，慎从吉罚款。宋真宗对此判决做了修改：高清免死，杖打脊背，黥面，发配沙门岛；慎锐发配单州；慎从吉降官为右谏议大夫；刘宗言、江仲甫撤职调外州担任管理商税一类的职务；并对其他有关责任者也做了相应处罚。

同年，宋真宗又亲自过问了第三个案子，即知齐州（今山东省济南）范航贪赃枉法案。宋真宗当初任开封府尹时，范航任开封府属下的东明县（今河南省兰考县北）知县，当时有人揭发范航借收税之机收受贿赂，宋真宗将他的情况上报朝廷，不想范航只被判罚款，这使宋真宗感到不快。现在京东路提点刑狱滕涉等对范航提出弹劾，并根据百姓揭发列举了他的十条罪状，宋真宗派御史李食束去当地复审，最后宣布免去范航死罪，杖打脊背，黥面，发配沙门岛。他的儿子太常博士范昭上疏要求充军以赎父身，也受到降职处分。这件事尽管做得合理合法，似乎也是为民除害，但因牵涉到宋真宗本人，总令人怀疑其中是否有个人感情因素在内。

处理一批贪赃枉法的官员，对于肃清吏治、维护社会正常秩序、减少百姓痛苦，无疑是有好处的。

封建社会，地方上总有一些豪强恶霸，这些人与权贵或地方官勾结，横行一方，既威胁百姓的生活，也威胁正常的社会秩序。宋真宗在位时期在铲除豪强恶霸势力方面做了不少事，有些事更直接是由宋真宗决策的。

景德二年（1005年），曹州（今山东省曹县西北）百姓赵谏张榜指责（大约有点像“文革”中的大字报）本州通判李及有诽谤朝政行为，而曹州人大理寺丞任中行却秘密上疏宋真宗控告赵谏横行乡里。宋真宗于是派宦官到曹州查访。本路转运使、本州知州及李及都讲赵谏是本地恶霸，平时结交权贵，为非作歹，还干预州县事务。这次李及在京接受任命时，赵谏恰好也在京城，于是求见李及，被李及拒绝，赵谏当即大骂，回去后就写了诬陷李及的文榜张贴。宋真宗下令将赵谏逮捕，并抄了他的家。结果在他家发现了许多文武官员、宦官等与他往来的信件。宋真宗下令将赵谏处死，将他的同党发配远方。宋真宗还想彻底追查与赵谏有往来的人，亲自拟定了70余人的名单，御史中丞吕文仲反对说：“事情搞得太大，恐怕不适当。”宋真宗不高兴地说：“你身为执法官，本应疾恶如仇，怎么反要包庇坏人！”吕文仲说：“御史中丞固然要执法，但也要顾及国家大体，将这70人的情况调查清楚，分情况慢慢慎重处理，既不会放过坏人，也不会破坏安定。”宋真宗终于接受了他的意见。

大中祥符八年（1015年），皇城司探事人员向宋真宗报告：开封百姓崔白是个气焰嚣张的恶霸，他曾扬言赵谏不过是他的徒弟，其他人更不在话下。他和梁文尉是邻居，想强买梁文尉的宅院，梁文尉不同意，他屡次制造事端。不久梁文尉去世，他的妻子张氏和两个年幼的孩子受到崔白的威胁。崔白每天让人往梁文尉院内扔砖头石块，张氏只好迁居别处，想把宅院卖掉，崔白又百般刁难，最后又找借口到官府控告张氏。崔白通过大理少卿阎允恭买通了开封府判官韩允，判张氏有罪，还对她施以杖刑。宋真宗于是下令将韩允贬官为岳州文学，将阎允恭贬为复州文学，崔白流放崖州（今海南省境内）。

天禧四年（1020年），侍御史姜遵向宋真宗报告说，听说青州士绅麻士瑶多做违法的事，侄子麻温裕想告发他，他就派人把麻温裕关押起来，将其活活饿死，又将其焚尸。宋真宗不禁想起两年前的一件事。那年，青州（今山东省益都）发生饥荒，知州戚纶动员富户麻氏出粮赈灾，麻氏不但拒不出粮，而且出言不逊。戚纶上奏宋真宗，宋真宗认为戚纶太软弱，就更换了青州知州。所以，宋真宗对此事很重视，立即派监察御史章频、大理寺推直江钧前往办案。结果发现，不但姜遵所说全都属实，而且发现麻氏的其他罪行：因与本地镇将张圭有矛盾，就在张圭出外途中将其打昏。张圭苏醒后到州衙告状，麻氏贿赂州里官吏，竟不作处理。本县新任知县孙昌曾处理过麻氏违法事，麻氏就威胁要杀他和他的家人，孙昌只好将家人送到外地。麻氏又指使人诬告孙昌假公济私。此外还查出了麻氏的其他罪行。于是，宋真宗下令将麻士瑶乱棒打死，将他哥哥前大理评事麻士安发配福建汀州；侄子右正言麻温舒、侄子太常丞麻温其罢免原官职、降级使用；参与做坏事者黥面发配远方。麻氏财产除留一部分维持本家生活外一律没收，凡非理强取的田产许原主赎回。另外，罢免原青州知州、通判，对姜遵、孙昌等则给予提升以示鼓励。

铲除豪强对百姓是有好处的，但更有利于维持宋王朝的统治，特别是类似上述麻士瑶的人敢于同官方对抗，更是统治者所不能允许的。

机不可失，时不再来

宋真宗时期前后共有11名宰相。王旦是宋真宗在位时期担任宰相时间最长（共11年）的人，所以，他是宋真宗时期最重要的宰相，是宋真宗治理国家的最重要的助手。而宋真宗长时间任用王旦，是他最明智的举措之一。

王旦之所以能做那样长的时间的宰相，而且与宋真宗配合得较好，是由于他有别人所不具备的优点，其中最突出的一点就是他的谨慎和归功于君主，这同毫无顾忌的寇准形成鲜明对照（宋真宗对寇准最不满意的一点，就是讲寇准总买个人的好）。

大中祥符七年（1014年），王旦被任命为兖州景灵宫朝修使，他沿途检查了地方官员的政绩，回京后把了解到的情况向宋真宗禀报，要求下诏表彰政绩好的官员。有人私下对王旦说："您作为宰相，看到地方官表现出色，只下诏表彰，而不是直接提升或黜降，会不会让人看轻宰相您呀？"王旦说："如果直接升降官员，就会让人感觉宰相代行了皇帝的权力，这是做臣子的大忌。"此次出行，同行的还有宦官入内押班周怀政，王旦每次与他会面都要在有别人在场的情况下，而避免单独与周怀政会面。

在每次选择人担任某项职务时，王旦往往先秘密拟出三四个人选，列出名单，让宋真宗在中意者的名字上画点标出，再由王旦当议事时正式提出。这样，王旦每次提的人选都被采纳，而反对的意见都被驳回。但是，王旦又从来不向外透露他推荐人的情况，并且要求知情人保守秘密。他曾推荐许多人担任重要职务，但他都千方百计不让被推荐者知道是他推荐的。关于他推荐人担任重要职务的许多情况，人们往往是在宋真宗去世后，宋仁宗召集人修订《宋真宗实录》，人们翻阅档案材料时才知晓的。

王曾、张知白、陈彭年一次向王旦提出，朝廷的事有时不经皇上审定批准，主旦就自行向下批发，这恐怕不妥。不久，他们在退朝时留下来，又向宋真宗重复了这个意见。宋真宗问：“这些事当中有处理得不妥的吗？”这几位大臣说：“没有。”宋真宗说：“王旦在朕左右已多年了，朕认为他办事没有一点私心。自从东封以后，朕已同他约定：小事一律由王旦自行处理，大事再报朕共同决定。各位认真协助王旦吧！”众人这才知道宋真宗早已有过交代，只是王旦没有将此事公开罢了。

宋真宗多次对王旦说：“听说爱卿的宅第很简陋，朕已令人做好了准备，想给爱卿翻修一下，爱卿可以对如何修建提出意见。”王旦却一再推辞说：“我的住宅是先父留下的，经过臣下我的增修，已比先父时排场多了，每当想起先父，就深感惭愧，哪敢再让朝廷为我花费人力、物力重修！”始终坚持住原来的旧房子。

宋真宗一次对王旦说：“朕做开封府尹时，爱卿的弟弟王旭任本府属县的知县，以廉正、有才干闻名。现在却担任闲散职务，应当委以重

任。”王旦说：“臣做宰相，安排弟弟担任要职，恐怕不太妥当。”宋真宗说：“不能因为你做宰相，就埋没了你弟弟的才能。”王旦说：“如果陛下一定要用他，就请陛下直接安排他的职务。”宋真宗于是安排王旭任判吏部南曹，接见时，见王旭官阶很低，就抱歉地说：“想不到你现在还穿着绿官服，这是朕照顾不周！”

王旦看到王曾敢于公开拒绝宋真宗任命他为会灵观使，并毫无惧色地向宋真宗申述理由，感到很敬佩，这恰恰说明王旦知道自己的弱点，即缺乏直接抵制宋真宗错误行为的勇气和魄力。王旦对宋真宗迁就和顺从的情况是较多的，包括没有抵制宋真宗搞天书降以及此后一系列装神弄鬼的活动，并且违心地说了许多肯定“天书”“圣祖”的话。

对于宋真宗大兴土木，修建玉清昭应宫等，许多大臣都公开表示了反对意见，王旦心里肯定也不赞成，但却从来没有公开站出来反对。大中祥符八年（1015年），宋真宗对王旦等人说：“近来让大臣们把对朝廷不满的意见写出来，结果递上来的书面意见尽是议论些平常事。”王旦这时似乎想乘机提出大兴土木的事，就说：“其中有不少是反对大兴土木的。”不想他的话却被向敏中给岔开了，王旦也就没有再提起。王旦的谨慎大约是有些过头的。

天禧元年（1017年），王旦从兖州回京，身体感到非常虚弱，坚决要求辞职。一天，王旦在滋福殿由二人搀扶谒见宋真宗，宋真宗见他病情严重，很伤心地说：“朕觉得自己身体不佳，原想把辅佐太子的大任委托给爱卿，不想爱卿竟病成这个样子，这怎么是好啊！”随即让太子出来见王旦，王旦说：“太子有德，定能继承大业。”就举荐了可以信任的大臣十余人，这些人在宋仁宗在位时期都得到重用。于是，宋真宗决定免去王旦宰相职务，只担任玉清昭应宫使。10月，王旦病危，宋真宗亲自去王旦家中探视，赐给王旦家白银5000两。王旦去世后，宋真宗亲自到灵前吊唁，痛哭失声。随后，又给王旦的家人和门生故吏十多人授予了官职。

由于王旦有意归功于君主而揽过于自身，所以他究竟有哪些政绩是很难说清楚的。或许可以讲，宋朝在他任宰相时期各方面的许多建树，都同他有联系。仅就记载而言，王旦的辅佐之功最突出地表现在合理使用人才方面，这是因为按宋人的说法，宰相的主要职责是选任官员。

秦州是宋朝西部重镇，很长时间一直是曹玮在镇守，后来朝廷拟调升曹玮，准备选人替换他。宋真宗征求王旦的意见，王旦推荐李及，宋真宗就任命李及为知秦州，代替曹玮。但对这项任命不少人不赞成，原因是认为李及虽忠厚老实，却缺乏威严，这恰是镇守边疆所需要的。李及到了秦州，当地驻军也听说李及是文弱书生，不把他放在眼里，于是发生了军人大白天在集市抢妇女头饰的事。李及令人将闹事军人捕来，审问清楚，也不关监狱，当即下令斩首。此时使得人们非常震惊，对李及的看法一下子转变了，李及把秦州军政诸事都处理得井井有条。消息传到京城，人们对王旦识别人才的能力十分佩服。王旦却说：“我看中李及的，主要倒不是这些长处，而是他办事沉稳，能把曹玮定的许多行之有效的制度延续下来，这对稳定边疆是很有益处的。”

一次，王旦因请假在家，政事堂拟议调知制诰盛度改任知开封府。宋真宗派人到家中征求王旦的意见。王旦说：“盛度必定不愿这样调动。”宋真宗于是派人问盛度本人，果然回答说：“我自己的长处是写文章，而知开封府需要很强的处理行政事务的能力，这样调动是让我舍弃所长而去从事所短，我不愿意。”宋真宗感叹说：“王旦对大臣的了解真是精当极了，他能使大家都用其所长，太难得了。”

王旦对官员也不是一味姑息的，有一名叫边肃的官员，是与王旦同年中的进士（当时同年中进士的人称“同年”，一般彼此间有较深的情感）。边肃收受贿赂，犯了贪污罪，贬官后长时期得不到提升。向敏中替他向王旦求情说：“边肃被处罚已经很长时间了，而且经过多次大赦，念在同年的分上，给他安排个好一些的官职吧。”王旦义正词严地说：“过去边肃曾得到过重用，他不爱惜自己，朝廷怎能重新重用他。”向敏中一再说，王旦最终仍回绝说：“我不是不念同年之情，但他犯了重罪，我也没办法。若要重新起用他，除非我死了。”向敏中就不敢再提此事了。

在王旦心中，对官员的正邪区分是很清楚的。在寇准与王钦若两个人当中，他坚决主张任用寇准而反对重用王钦若，尽管寇准多次伤害过他。在李宗谔与丁谓之间，他坚决主张用李宗谔而反对重用丁谓。很多正直而有才能的官员都得到他的举荐和保护，如赵安仁、杨亿、李行简等。当然，王旦也有看错人的时候，如他一手提拔、悉心栽培的夏竦，就是心术不正的人。这种悲剧古往今来是很多的，仅就与王旦时间接近的事而言，就有王禹偁、寇准举荐丁谓等。

王旦的又一突出功绩，是他努力抑制了变相增加税收的势头。“澶渊之盟”后，宋真宗大搞东封西祀一类的活动，大兴土木，又扩大科举录取人数，拒绝裁军，这样财政开支增加，相应地就必然要增加税收。宋真宗明白农业税增加很困难，就要求设法增加禁榷等方面的收入。然而禁榷等方面的收入的实际承担者，主要还是农民。所以，王旦主张在压缩开支上下功夫，而反对变相增加百姓负担。

景德四年（1007年），王旦向宋真宗提出，各地官员都在设法增加榷酒和商税收入，任意增加定额，扰民很厉害，如不加控制，恐怕后果严重。这引起宋真宗的忧虑，于是下诏令各地以中等年份收入数立为定额，以后不许任意增加。有人出任发运使（发运使负责调运东南地区的财赋到京城，并具体制定东南地区的禁榷、商税等征管办法），辞行时向他讨教，他只讲了一句话："东南民力竭矣。"有人出任江南地区的转运使，辞行时问他施政方针，他也只讲了一句话："朝廷规定的此地禁榷等收入额已经无以复加了。"他的这些有明显倾向的言论，使那些想多敛民财以向上司讨好的官员的行为有所收敛，使宋真宗的浪费行为受到一定程度的抑制。

此外，王旦在不少时候，能够纠正宋真宗的一些错误，特别是在事关人命时，王旦能据理力争。

据说，王旦有时回到家中，不脱官服，一言不发地坐在一间清静的屋子里，家里人起初都不知道是怎么一回事。后来，王旦的弟弟私下里将这一情况向赵安仁讲了，问他发生这种情况时是否是朝廷出了什么事。赵安仁说："大抵都是当天讨论朝廷要施行某项政事，王相公不赞成，两种意见相持不下，王相公必定是为此而忧心忡忡、苦思冥想吧！"家人后来多方了解，赵安仁讲得确实很对。

东封泰山路途中，有人喝醉酒，惊了宋真宗的"驾"，王旦令人将此人逮捕，押回京城。宋真宗问："这样胡来岂能容忍！为什么不把此

人斩首示众？”王旦说：“此人只是喝醉了酒，并非故意。如果处斩，怕民心不服，且有碍庆典。”后来封禅后大赦，王旦就通知开封府赦免释放了此人。

大中祥符八年（1015年），皇宫着了一场大火，内藏库、崇文院等处都损失惨重。宋真宗派人追查责任者，盛怒之下，准备处死百余人。王旦秘密晋见宋真宗，说：“陛下先前已下了罪己诏，说火灾的原因是施政不当导致上天发怒。现在又公开处理责任者，前后矛盾。我请求不要把事情弄大，少杀罪人。”宋真宗接受了他的意见，于是许多人得以免死。

有一次，有一位术士因罪被处斩，抄家时，发现了不少官员们同他往来的信件，其中绝大多数是求他预卜吉凶的，宋真宗很生气，下令交御史台审查，要给这些人定罪。王旦找借口把这些信件都拿到自己家中，第二天对宋真宗说：“信里讲的都是占卜，没有涉及朝廷的，我认为不必治罪。”他还取出自己过去求人占卜的信件给宋真宗看，说：“做过此类事的人很多，我年轻时也做过这类事，如果一定要治罪，就先治我的罪吧。”宋真宗说：“朕已下了命令，岂能就此罢休！”王旦说：“臣子我是宰相，怎能隐瞒自己的罪而去治别人的罪！”宋真宗只好停止追究此事。但不久，宋真宗又反悔了，派人向王旦要拿去的书信，王旦报告说：“早已烧毁了。”宋真宗只好作罢，于是不少官员免去了受处分的灾难。

尽管王旦是一位难得的德才兼备的宰相，他辅佐宋真宗做了许多有益的事，并使宋真宗一些胡作非为的恶果得到弥补和限制，但是宋真宗对王旦却没有充分地信任，没能使王旦的长处得到充分发挥。在一定意义上讲，是宋真宗把王旦逼上了斜路，而负罪感又摧残了王旦的健康，使他过早地离世，宋真宗是有负于对他忠心耿耿的王旦的。

宋代文人往往极力渲染宋真宗与王旦之间的君臣契合，给人造成一种宋真宗对王旦完全言听计从的印象，其实这是与事实有很大差距的。最能说明宋真宗对王旦不够十分信任的例子是关于李宗谔的任用一事。大中祥符五年（1012年），王旦拟提议提拔翰林学士李宗谔为参知政事，这件事事先被王钦若知道了。王钦若就去秘密晋见宋真宗，造谣说："李宗谔欠王旦许多钱，无力偿还。王旦准备让李宗谔担任参知政事，按规定，初次担任参知政事者可以得到价值3000贯钱的赏赐，这样李宗谔就可用这笔钱来还债。王旦这是假公济私。"第二天，王旦果然正式向宋真宗建议任命李宗谔为参知政事。宋真宗变了脸色，驳回了王旦的建议，却任命与王旦有矛盾的丁谓做参知政事。本来，讲王旦会贪图李宗谔可能得到的赏钱，对于一贯清廉不爱财的王旦来说，是一般人都很难相信的，宋真宗之所以相信，显然是他原来就对王旦心存戒心。

大中祥符八年（1015年），宋真宗先是说："有人上疏批评政事堂不提建议，不接见来访者，政令贯彻不及时不得力。"随后又讲："朕有什么想法或听到什么，都毫无隐瞒地通报政事堂，然而大臣或官员上疏，往往要求不要使政事堂知晓，是不是政事堂有把事情透露出去的问题？"宰相是政事堂的主持者，对政事堂的批评就是对宰相的批评。尽管宋真宗后来对王旦的辩解未加反对，但既提出上述颇严厉的指责，总透露出宋真宗对王旦有不满意之处。

王旦的内心，有一种深深的负疚心理。史书上讲：每次举行庆典，都要王旦陪天书同行，王旦"常悒悒不乐"。王旦每遇到宋真宗派人送来赏赐的物品，总是闭起眼睛叹气说："生民膏血，我哪里受用得了这么多！"王旦临死，宋真宗亲临探望，赏赐白银5000两，王旦让家人送还，在家人代写的奏折末尾，他加上了如下的话："益惧多藏，况无所用；见欲散施，以息咎殃。"王旦临死，留下遗嘱，要求死后"削发披缁以敛"，史书上讲，这是为了表示一种悔恨的感情；今则又有人讲，这是王旦表示想脱俗的愿望。不管怎样，王旦是带着一种遗憾的心情离开人世的，而宋真宗恰恰是这一悲剧的制造者之一。

宋代史官们谈到王旦，往往责备他没有辅佐好宋真宗，责备他贪恋宰相的职位，这固然不无道理，然而责备王旦的人实际上都是站在维护帝王尊严的立场上，所以从不讲宋真宗的过错。平心而论，宋真宗对不起王旦之处是远比王旦对不起宋真宗的地方为多的。

宋人还记述了这样一件事：宋真宗想近女色，怕王旦反对，就让人把王旦的管家叫来，给了他们白银3000两，限期让他们给王旦买妾。王旦虽不赞成，因是皇上的主意，也不敢违抗。结果，买了妾以后，王旦本人却尝到了"甜头"，经常与妾厮守，弄坏了身体。王旦自己如此，自然对宋真宗的类似行为也就不加干预了。这一记述究竟可不可靠，已难确定，如有此事，则宋真宗简直有"拉人下水"之嫌了。

向敏中自从第一次做宰相被罢后，人知永兴军，又改任延州、知河南府，都有政绩。宋真宗东封，召他任权东京留守，承担"看家"的差使。此后，宋真宗就把他留在京城。大中祥符五年四月（1012年5月），宋真宗第二次任命他为宰相。此后直到他去世（天禧四年三月，即1020年4月），共任宰相约8年。

照理说，向敏中此次做宰相的时间够长了，但史书上却没有留下他的显著政绩，甚至连一份行之有效的建议也没有。只记载他先后担任兖州景灵宫庆成使、西京应天院奉安太祖圣容礼仪使等。当然，在他任宰相期间，前有王旦、后有王钦若与他同任宰相，且与宋真宗的关系比他更密切，是不是因此而使他的才能未得施展呢？此次入相之时，他就已年逾六旬，是不是他的锐气已经耗尽了呢？是不是他像王旦一样，凡事归功于皇上，从而使其政绩不彰呢？我们都无从知晓。

尽管如此，当向敏中病重提出辞职时，仍遭到宋真宗的拒绝，所以向敏中与王旦不同，他是在宰相职位上去世的。宋真宗对他的死也是很悲痛的，他去世的当天宋真宗亲自去哭灵，在随后审定给向敏中追赠的制书稿上，宋真宗亲自批示："敏中端谨温良，宜益此意。"向敏中死后，宋真宗还令人过问他家人的生活。

大中祥符四年（1011年），太常博士江嗣宗上疏批评宋真宗好管细务，并建议："凡祀乐征伐大事出于一人，自余细务委任大臣百司。"次年，又有人批评宋真宗好"躬亲细务"。宋真宗作了《勤政论》为自己辩解。

封建时代有帝王微服私访的事，宋真宗未见有这种行为，但他派人私访的事却时见记载，宋真宗还常常颇为得意地向臣下讲述自己如何私访。"澶渊之盟"签订以前，他通过"密访"物色中级官员24人，时人戏称他们为"二十四气"（按即24个节气）。他亲自写了这24人的名单，令有关部门安排与他面见。然后或者授予帖职，或者命其担任三司和开封府的判官等关键职务。"澶渊之盟"后，他自己拟定11个知州的人选，征求宰相意见，实际是要宰相正式予以任命。

选任官员，这本是宰相和吏部的职责，而宋真宗却自己代劳了。

宋真宗不但自己直接选任官员，有时甚至直接选任下级军官和吏人。他多次亲自大规模接见下级军官，每次上百或上千人，当面考察和升降。大中祥符二年（1009年）他在崇政殿接见百夫长以上中下级军官，根据各人不同的履历给予提升，此事一连持续四天。天禧元年（1017年）他带病连续三天接见下级军官3810人，并当场按照功过提升或黜降了这些人。景德三年（1006年）他亲自拟出三项公事，让枢密院在职吏人分别书面回答应怎样处理。第二天，他亲自阅卷，决定提升、留任、黜降、调离、罢免各若干人。

僧道官的任免本应由开封府负责，宋真宗于景德二年（1005年）也亲自召见各寺院宫观的主首（住持），当面测试，从中确定合适人选。

皇城司顾名思义，似乎应当是管理皇城的机构，然而宋代的皇城司的主要职能却是做皇帝的耳目，它是由宦官做骨干的，有数十名或更多的所谓亲事卒为其效力。宋真宗既多疑，自然就相当重视皇城司。

早在咸平六年（1003年），以耿直闻名的谏官田锡就上奏批评宋真宗说："陛下派皇城司的人到京城各处探事，又另外派人监视皇城司的人的行为，这些探事的人把一些道听途说的杂事全都报告陛下。陛下还派人到外地探事，这些人并没有向陛下提供最有意义的情况，实际是丢了西瓜捡了芝麻，效果并不好，希望陛下改正。"他的话并没有引起宋真宗的注意。

天禧元年（1017年）右正言鲁宗道又上奏说："皇城司派人到处探事，把民间一些小事也都向陛下报告，这不妥当，请加改变。"宋真宗只是说：“小事朕并没有过心，朕对于各官司的举措，不能不严密监察。”

宋真宗越俎代庖式的躬亲细务，使得他的精力分散。本来，东封西祀一类的事已分占了他有限的精力的相当一部分，现在躬亲细务又分去了一部分精力，就使得他用于关注国家大事的精力更为有限，其结果，就使得许多国家大事被忽视诒误。宋真宗对臣下的多疑，也使不少大臣心存疑虑，才能无法充分得到施展，突出的如王旦、杨亿、李宗谔、马知节等人的遭遇就是这样。

宋真宗曾批评唐玄宗说：“唐玄宗信任姚崇、宋璟是对的，而又过分相信杨国忠、李林甫，十分令人惋惜。”他自己也是既信任了李沆、王旦，也过分相信了王钦若、丁谓。这说来颇有些当局者迷的味道。他又曾批评唐德宗妄想独自驾驭天下，说：“天下那么大，做君主的单独自己怎么治理得了！”然而他自己却也不懂得怎样合理分权，这也是令人感叹的。

无休无止的东封西祀、祭神布道、建宫立观等活动，造成财政开支的巨额增加。据官方统计，泰山封禅花费是800余万贯，祀汾阴连同上宝册共花费820余万贯，各相当于当时一年财政总收入钱数的1/3。京城里建玉清昭应宫、景灵宫、会灵观等，外地建天庆观，花费一定也不在少数。此外，每次大的庆典都有赏赐，赏赐的面很广，不但官员有，军兵也有，有时服役的工匠等也能得到赏赐。每次大的庆典之后都要施恩，官员要晋级，有些无官者要得到官职，官员的俸禄因此就增加了。

每次大的庆典之后都要大赦，大赦的内容之一，就是蠲免一部分赋税，这等于变相地增加了开支。有一次，连一贯怂恿宋真宗装神弄鬼的三司使丁谓也沉不住气了，说赏赐这样多、蠲免这样广，国家经费怕要成问题。宋真宗反过来安慰丁谓说："这样做的目的，也是为了百姓，只要我们注意节俭，不会出现入不敷出的问题。"

除了东封西祀一类的事，造成财政开支的另一个重要原因是军队的增多。当然军队增多实际是宋辽交战时期增的，但宋辽议和以后，宋真宗仍然片面强调"居安思危""兵不可去战不可忘"，坚持不肯认真裁军，以致军兵人数有增无减。据统计，宋太祖在位末年，宋朝有军队37万余人，其中用于作战的禁军19万余人；宋太宗末年，宋朝军队人数增为66万余人，其中用于作战的禁军35万余人；到了宋真宗末年，宋朝军队人数更增至91万余人，其中禁军人数增至43万余人。令人值得深思的是：宋太祖统治时期征战不止，且屡次大胜，军队人数却那样少；宋太宗时打仗有胜有负，军队人数却增加了；宋真宗时未有大的胜利，"澶渊之盟"后又长期无大战事，军队人数却这样多。

宋真宗重视科举，本不是坏事，但他录取的人数过多，就造成入仕的人数增加过猛。加上在他统治时期对官员的门荫也掌握得较宽，致使通过门荫入仕的人数也过多，这样，就出现了"官多阙少（即官员多职位少）"的情况发生。据记载，大中祥符二年（1009年），在吏部等待安排职务的官员人数多达2000人以上，以致宋真宗与大臣们不得不考虑如何多设些官阙以安排这么多等待职务者。官员多，开支自然会随之增加。

据统计，以宋真宗统治末年同宋太宗统治末年相比，年度财政总支出现钱由1693万贯增加到2714万贯，绸绢由426万匹增加到4200万匹，五谷由2194万石增加到3458万石。财政年支出这样大幅度地增加，相应地就需要财政收入有相应地增加。

应当承认，三司使丁谓以及他的继任者林特、马元方、李士衡等人在聚财敛财方面的确是很有办法的，他们主要通过增加田赋以外的收入，基本上满足了当时不断增加的财政需求。但是，财政收入的增加归根结底要取之于民，百姓的负担一下子增加这样多，对社会生产的发展是很不利的。

宋真宗最大的失误不在于某一件或某一方面事务处理的不当，而在于宋朝在他的统治下，错过了一个新王朝除旧布新的极好时机。

虽然宋朝的许多制度都是在宋真宗时期建立或奠定了基础的，如前面讲到的官员俸禄制度、货币制度、地方向朝廷定额上缴财政收入的制度和宗室制度等。但是我们应当看到，历史要求一个新王朝所应建立的制度远远比宋真宗时期实际建立的要多得多。当然，建立新制度的事在宋太祖、宋太宗时期就应当做，但当时国家还不统一，战争还未停止，做起来困难较多。而宋真宗时期，战争停止，国家安定，处于百废待兴的关头，本应做许多除旧布新的事，而宋真宗却把主要精力用到了别的地方，许多该做的事都没有做。

对于一个以农立国的王朝来说，有关农业的立法和制度是特别重要的，然而宋初以来直到宋真宗去世，有两件与农业关系极其密切的事却没有做：一是清查土地，二是整顿农业税制。关于清查田亩，宋真宗不是没有想过。咸平三年（1000年），他曾接受刑部员外郎陈靖的建议，先从京畿地区开始试行，并任命陈靖为京畿均田使主持此事。但试行才一个月，就因反对者多而下令停止，此后就未敢再提。陈靖后来也提出了整顿田赋的事，宋真宗只是将田税中最不合理的几项略作调整就算了事。大约宋真宗本人和当时的宰相都有不生事以求安定的思想，不愿有过大的举动。

然而不清查田亩，长期以来存在的田税负担与田产所有严重不统一的问题就无法解决。不少农民没有土地，却仍然负担田赋；不少地主隐瞒了地产，却不负担或只负担很少的税役，使农村税役负担不均衡的现象日益严重。

唐后期及五代，战乱不止。战乱中封建王朝及地方割据势力搞了各种名目的苛捐杂税，宋朝建立后，本应将这样苛捐杂税一概免除，但由于当时还处于战争时期，军费开支较多，且无精力顾及这些问题。宋辽议和后，战争基本停止，本应将这些苛捐杂税去除，另颁行全国统一的新税制。但是，宋真宗却没有做这件事，他大抵是抱残守缺，只对某些过分突出的问题做了头疼医头脚疼医脚式的解决，既没有颁行统一的新税制，也没有对现存杂税做认真地整顿。

对于一个封建国家来说，它是通过一套官僚机器来运行的，所以官僚制度本身对于国家的治理关系极大。而宋初直至宋真宗去世，宋朝的官制大抵一直处于混乱状态，其突出表现是：所谓“使职”大量存在、官僚机构间职能重叠或交错的情况较多、统属关系混乱等。所谓“使职”，本意是受皇帝本人委托临时负责某一项事务的职务。唐中后期，政治混乱，为了突出某项事务的重要或加重某人权力，经常委任各种“使”：如盐铁使、漕运使、度支使等，这些使的职掌实际与原有的三省二十四司体制下各种官员的职掌是彼此重叠的，这就造成了管理上的混乱。后来有不少使职固定化，成为常设官职，而相应的原体制下的官职却不取消，就使这种混乱持久化。例如，当时三司是主管财经的机构，而尚书省的户部以及九寺三监中的太府寺、司农寺等却仍旧存在；刑法由审刑院等负责，尚书省刑部也未被裁撤；某路转运使带着礼部员外郎的头衔，但下属的知州却有的带着礼部侍郎或礼部郎中的头衔，而按这些头衔恰应是属下的属下。诸如此类，相当混乱。

由于很多该做的事没有做，就给后世埋下了祸根。

善待邢昺，重用旧臣

称邢昺为学究，是按今天的习惯，“学究”的本义是“学究一经”，邢昺却是精通数经的（今天流行的《十三经注疏》有几经的“疏”就是他撰的）。宋太宗时邢昺参加“五经”科举考试，被赐“九经及第”名号，后来又长时间担任与讲学相关的职务。从记载看，邢昺似乎没有其他长处，他的主要长处就在于精通儒经；他似乎也没有其他的显著贡献，最突出的贡献也在于儒经方面，所以，邢昺是一位地地道道的学究式的人物，或者用现代的说法，可以称他为经学家。

他是宋真宗学习儒家经典方面的启蒙老师，大约在宋真宗很小的时候，他就给当时还是皇子或亲王的宋真宗讲过课，当时他的官衔是诸王府侍讲。宋真宗即位以后，一度调他任知审刑院，职务很重要，邢昺却干不了，不久就改任国子祭酒，重操旧业。随后，宋真宗又任命他为翰林侍讲学士，他又重新操起了为宋真宗讲儒经的老行当。

或许应当在邢昺的“学究”称号前，增一“老”字，因为宋真宗做皇帝那年他已是70高龄了。宋真宗对他是颇尊重的，他经常能与宋真宗在一起。当然这位老学究书呆子气却不浓，他颇知趣，在重大事情上从来没有冒犯过皇上，他与宋真宗似乎从没发生过大的冲突。王钦若科举考试受贿案揭出，宋真宗派他去审案，他完全按照宋真宗的意图包庇了王钦若，而把无辜的洪湛置于悲惨境地。

景德三年（1006年），一天，宋真宗在便殿与邢昺闲谈，谈来谈去，谈到早先在宋真宗身边的旧人纷纷辞世，所剩无几，宋真宗不禁伤感起来。第二天，宋真宗赏赐邢昺白银一千两；又召邢妻乐氏入宫，赏赐给她“宝冠霞帔”，这个待遇本来只有皇亲和宰相、参知政事、枢密院长官和节度使的妻子才能有，宋真宗却破格让邢昺的妻子享受了。

景德四年（1007年），邢昺求见宋真宗，说：“我老得步履艰难，想请假回故乡曹州（今山东省定陶东）看看，不然，怕是此生回不了故乡了。等明年春天行郊外祭天大礼，我还想回来参加。”宋真宗请他坐下，安慰他许久，然后说：“何必要请假，朕就任命你为代理曹州知州，这样你就可以衣锦还乡了。”邢昺这时又像感慨又像问话地说：“杨砺、夏侯峤当年与臣下我同做王府的僚属，眼下却已作古，听说陛下都追封他们为尚书了！”说罢就告辞了。宋真宗事后向王旦转述了邢昺的这些话，说：“邢昺说这些话的意思，大约是想晋升尚书了。”

不久，宋真宗即正式发布命令，任命邢昺为工部尚书、知曹州，仍旧带“翰林侍讲学士”的头衔。邢昺向宋真宗辞行，宋真宗又赐给他一套衣服和一条金带，又在崇和殿为他设宴饯行。宋真宗当场即兴赋诗两首，又让参加者赋诗应和。邢昺这时不禁有些得意忘形，颤巍巍地指着壁橱内的《尚书》《礼记图》《中庸》等儒经对众人说：“凡是治理国家，离不开《九经》。”接着竟絮絮叨叨地给人们讲解起各儒经的主要内容来，尽管他讲得未必精彩，但宋真宗对于他所作的讲解还是极口称赞。

大中祥符三年（1010年），邢昺在京病重。宋真宗亲自到他家中探望，并让太医为他诊治，赏赐他名药、银器一千两、丝织品一千匹。按当时规定和邢昺的官职，皇帝是不应该亲临探视的，宋真宗又一次为他打破了常规。宋真宗还下令召回他在外地任职的两个儿子，让他们侍候在邢昺身边。

不久，邢昺去世，宋真宗下令停止上朝两天，追授邢昺为左仆射，并给他的三个儿子都提升了官职。宋太宗时，邢昺献上了他撰写的《礼选》20卷，宋真宗有一次在宫里晒书（当时为防止图书霉变蛀蚀，每年要定期暴晒）时，看到此书。宋真宗召邢昺与他一起翻阅此书，称赞他写得好，又作《礼选赞》赐给他。邢昺对宋真宗说，他的这部书自己没有留底稿，希望能得到一部副本。宋真宗答应了，并令人誊录，书还没誊录完邢昺就去世了。宋真宗每每想到此事，很伤感，下令增录一部，一部随葬，一部赐给邢昺家人。

“澶渊之盟”后不久，张旻就被提升为英州防御使、侍卫亲军马军都虞侯。当时侍卫亲军分为殿前、马军、步军三部，都虞侯是仅次于都指挥使的军中首领。这就是说，张曼已成为侍卫亲军的主要将领。宋真宗东封时，他改任殿前司都虞侯，又晋升为观察使、马军副都指挥使。他反对大兴土木的建议就是在这前后提出的，在宋真宗祀汾阴以后，他晋升为节度使。节度使是武将们梦寐以求的，杨业、杨延朗等一生征战，生前也没有做过节度使，而张曼未立显功，却获此殊荣，无非是宋真宗的格外提携。

大中祥符八年（1015年），张曼受命裁减本部军员，他在执行中激化了矛盾，传言有人要搞兵变。宋真宗得讯，于次年年初召王旦等商议对策，王旦说："如果用处分张曼的办法缓和矛盾，则会降低将领的威信，以后的兵就难带了。紧急抓捕预谋闹事的人，又会搞得都城之内人心惶惶，也不是上策。"宋真宗迫不及待地问："那怎么做才妥当呢？"王旦说："陛下以前几次提议要让张曼担任枢密院长官，我都没敢同意，现在如果调张曼到枢密院，他的部下见他调走了，想必就不想闹事了。"宋真宗照此办理，将张曼从马军司调离，任命他为枢密副使，军队果然稳住了。宋真宗很高兴地夸奖王旦"真是个好宰相"！张曼惹了祸，却升为执政大臣，也是因祸得福。

张曼做了一年多枢密副使，不知什么原因，他被宋真宗罢免，调任北部边境驻军统帅。又过了一年多，宋真宗给了他"使相"头衔，改任命为判陈州。天禧三年（1019年），陨石落在颍州，负责天象的官员说这预兆邻州长官要遭灾，宋真宗想到陈州就是颍州的邻州，于是，调张曼改任判襄州（事后又让他回陈州了）。这件事很生动地表明了宋真宗对张曼的关心。

夏氏兄弟似乎比张曼要小得多，他们的父亲夏遇在与辽军作战时战死，当时夏守恩6岁、夏守赟4岁。后来，夏守恩被安排到襄王（即后来的宋真宗）府审侍候王爷，有一次，襄王偶然向夏守恩问起弟弟的情况，他讲，弟弟一个人在家里，他很是放心不下。他的话一下子就动了王爷的恻隐之心，当即就下令把他弟弟接来，让王府的下人照顾他弟弟。这样，兄弟二人就在宋真宗身边长大，他们同宋真宗的关系自然也就非同一般。

兄弟二人中弟弟能力稍强些，他几次作为宋真宗的亲信耳目委以重任。例如，西夏叛宋，前线情况不明，宋真宗曾秘密派他到宋、夏交界处了解双方实力及宋军将领等情况。康保裔率军与辽军作战失利，有人说他投降了辽朝，有人说他战死，宋真宗又派夏守赟去前线军营中私访。夏守赟回来说，康保裔是战死了，他的部下为推脱罪责才谎说他投敌了，宋真宗就按他讲的做了处理（实际据《辽史》记载，康保裔是投降了的）。

夏氏兄弟长期在宋真宗身边，东封西祀也是随驾效力，所以官升得很快。大中祥符七年（1014年），夏守赟又该升官了，宋真宗事先特意让宦官问他："你愿做亲军将领呢？还是愿做经常可以上朝的横行使呢？"夏守赟回答："我没有大的才能，还是让我常常能见到皇上吧！"于是，宋真宗就任命他为横行使中的西上阁门使，让他继续负责统管京城的草场。天禧元年（1017年）宋真宗又委任夏守赟为昭州刺史、枢密都承旨。

夏守赟不愿做亲军将领，他哥哥却做了亲军将领。天禧三年（1019年），夏守恩被任命为泰州防御使、殿前司都虞侯兼捧日、天武四厢都指挥使，并受命主持殿前司事务。这个职务，直接关系京城和皇宫的安全，刘皇后于是拉拢他，他就同时成了刘皇后的亲信。不久，他又受命暂时统管殿前、马军、步军三司事务，从而成为刘皇后在军事上的有力支持者。

张曼、夏氏兄弟都是平庸之辈，既无才能，也无显功，他们都爬上了军界的最高层，这自然是因为他们同宋真宗的特殊关系。

宋真宗的其他“潜邸旧臣”，也都得到了格外的优待。

这里应当提到杨崇勋，他是宋真宗晚年政治斗争中的重要人物。杨崇勋是宋真宗做太子时在东宫任职的。有一次，他在众人面前感叹道：“我们目不识字，手不摸书，将来怎么立身！”这话引起宋真宗的注意，于是宋真宗就着手组织宫内人读起书来。关于他与宋真宗之间的往来，很少见于记载，但他受重用的程度却不比其他“潜邸旧臣”差。大中祥符七年（1014年），他与夏守赟一起被提升为西上阎门使；天禧元年（1017年），他又与夏守赟一同被提升为枢密院都承旨；此后他到北部边疆担任军职。天禧四年（1020年）他奉调回京，这时他的职衔已是客省使领英州防御使，兼群牧使，同勾当三班院皇城司。宋真宗还特别关照，杨崇勋虽不在亲军中任职，但他的俸禄要像在亲军中任职者一样享受优待。史书上说，他喜欢在宋真宗面前讲人坏话，一般人都怕他。看来他后来的告密也不是偶然的。

在宋真宗“潜邸旧臣”中，还有两位文臣，即杨徽之和郭贽，宋真宗即位时，杨徽之77（虚）岁、郭贽64（虚）岁，都可谓老臣了。宋真宗做开封尹，杨徽之任府判官，宋真宗做太子，杨徽之做太子左庶子。宋真宗即位后，他被任命为翰林侍读学士，他年事既高，似已难以担任管理具体事务的官职了。咸平二年（999年）冬，宋真宗亲征前，杨徽之病情已重，宋真宗曾赐药给他。宋真宗出发，杨徽之带病送行，宋真宗安慰他说：“爱卿好好服药，我们不久就能再相见。”宋真宗到了大名府，又派人送亲笔信慰问他，宋真宗回京不久，他就去世了。宋真宗还派宦官去为他料理丧事。

郭贽年龄比杨徽之小不少，但却是老资格。他曾是宋太宗的“潜邸旧臣”，做过参知政事。他很早就做了皇子侍讲，给宋真宗讲过课。宋真宗即位，任命他为知大名府。郭贽认为这个职务对自己不合适，希望宋真宗收回成命。宋真宗觉得这样做会影响自己的威信，坚决拒绝，并说：“大名府地位重要，责任不轻，爱卿不要辜负朕的重托。”郭贽只好赴任，但时间不久就被调回京，任判太常寺等。随后又外调，任知河南府。

景德四年（1007年），郭贽又奉调回京，任吏部侍郎兼秘书监。宋真宗召见他，二人谈了很久。次日，宋真宗对王旦说：“朕昨天召见郭贽，谈话使朕联想起做太子时的许多事。郭贽是位忠厚长者，善于辅导朕读经书，在府内待了三年。后来换了杨可法，虽然操行很好，却不善于辅导。朕早年还曾去过郭贽的家里。郭贽如今已经老了，朕希望给他晋级，安排个接近朕的职务。”于是，郭贽升为工部尚书，担任翰林侍读学士，仍兼秘书监。宋真宗还赐诗给他，其中有“启发冲言晓典常”这样的句子。大中祥符三年（1010年），郭贽去世，按照规定，皇帝不应亲临，宋真宗却破格临丧，并提高了对他家的抚恤规格。

宋真宗做太子时，有位东宫亲卫都知（相当于卫队队长）名叫刘谦。宋真宗即位，提升他为洛苑使，他却要求到亲军中任职，便改任他为殿前左班指挥使。宋真宗第一次亲征，他带病从行。宋真宗下令让他两个儿子在身边侍候，派御医跟随，还让御厨供给饭食。病愈，为了酬谢宋真宗派来慰问的宦官，他拆下了马鞍上的宝物赏赐给宦官。宋真宗闻讯，特赐他白银200两。宋真宗东封泰山礼毕，他晋升为殿前司都指挥使（此前他已有节度使官衔），这是亲军中同时也是宋朝军队中最高的官职。宋真宗的“潜邸旧臣”武官中，后来身居高位的还有蔚昭敏、彭睿、郝荣等多人。

第四章

爱文尊儒，重视科举

宋真宗的尊孔崇儒，与汉武帝不同，后者是“罢黜百家，独尊儒术”，而宋真宗则是三教并举，既尊道，又尊佛，还尊儒。

宋真宗封禅，盛世显赫

李沆在位的时候，王旦只是个参政，那时西北边境正与西夏人打仗，他们整日忙得顾不上吃饭。王旦感慨地说道：“我们什么时候才能安定下来，无忧无虑地过日子！”李沆道：“我看还是有点儿事好，可以让人的心中不生怠慢和懒惰。四方边境宁静了，朝廷内部未必能宁静。”王旦无法反驳。后来宋廷与契丹和好，边境真的平静下来了，朝廷没有事情可以商议，大臣们终日闲着，无所事事，王旦问李沆道：“如今不是很好吗？”李沆道：“眼下倒是好，怕只怕边境没有侵犯了，皇帝追求奢侈的心意会慢慢产生。”王旦不说话了，心里却不以为然。

此后，李沆每天都把四方州县呈报上来的旱涝贼寇等事，一桩桩地奏明皇上，王旦道：“这些琐碎事不值得麻烦皇上。”李沆道：“不是这样子的，现在皇上正当青春年少，血气方刚，精力旺盛，我要让他知道四方百姓生活的艰辛，使得他心里有所牵挂。否则太舒服了，精力旺盛，你想会怎样？一是沉迷于声色犬马，二是热衷于大兴土木工程或者发动战争，再不然就是求仙拜佛，装神弄鬼，就太让人担忧了。我已年迈，活不到那时候了。参政适当其时，只怕这事要成为你的心腹之患呢。”

李沆恰好说中了事实，宋真宗确实迷上了“祷神弄鬼”。他倾全国之力，封泰山，祭后土，祷祭鬼神，搞得劳民伤财，使宋朝政治经济状况恶化起来。

封祀开始于寇准被贬的那一年。景德元年（1004年），契丹大举入侵，一直打到黄河沿岸，与京都汴梁只有一水之隔。朝中人心惶惶，王钦若、陈尧叟辈主张赶快迁都，逃到江南，或到蜀中暂时避难。宰相寇准主张御驾亲征，并辅佐宋真宗来到澶州前线，双方签订了澶渊盟约，契丹退兵，宋朝廷转危为安。事后，宋真宗皇帝对寇准更加信任，认为他为朝廷立下了万世功勋。这使得王钦若对寇准十分嫉妒仇恨。某日早朝以后，宋真宗以钦敬的眼光目送寇准离去，王钦若不禁妒火中烧，出班奏道："陛下如此敬重寇准，难道澶渊结盟，都是寇准的功劳吗？"宋真宗道："不错。"王钦若道："澶渊一战，陛下不以为耻，反以为寇准有功，微臣实在弄不明白。"宋真宗闻言，脸色立刻就变了，很不高兴地说："你是什么意思？"王钦若因为怀恨在心，所以一点儿也不掩饰地说："城下之盟，圣人经典《春秋》中说是一种耻辱，皇上身为万乘大国的君主，签订这种城下之盟，有什么值得高兴的呢？"宋真宗一言不发，心中很是不快，感到自尊心受到了严重伤害。他不仅把澶渊之盟当作寇准的功劳，更当作是自己的千秋功业，是他"御驾亲征"，才击退契丹兵，使国家转危为安的。而现在反而说他不以为耻，反以为荣，而且是经典中早已经说过的，让人真的无法分辨。这怎不叫人尴尬沮丧？王钦若并不是有意与天子过不去，这样激怒皇帝只为了让皇帝迁怒于寇准，于是又道："陛下见过赌博吗？"宋真宗道："怎么样？"王钦若道："赌博的人输急了眼，就会倾其所有，全都押在赌桌上。胜了就一次全赢回来，输了就一次都输光，叫作孤注一掷。澶渊这一仗，陛下就是寇准的孤注。他逼迫您‘御驾亲征’，败了把您输给契丹，赢了就是他的功劳。陛下能安然坐在这里，完全是侥幸啊！”宋真宗回想起在澶渊受的惊吓，幡然醒悟，对寇准不但不敬重反而开始怨恨起来，不久就把他贬为陕州（今河南省陕县）知州，让他上任去了。

宋真宗仍然是不开心，一天到晚闷闷不乐。王钦若道：“陛下还在生寇准的气吗？”“不，我自己觉得有气。”“为什么？”“澶渊既定城下之盟，契丹人一定以为朕怕了他们，背后不知怎样耻笑我呢。朕一定要报仇雪恨。”宋真宗恨恨地说：“你有什么好方法，可以教教朕吗？”王钦若知道宋真宗害怕打仗，故意说道：“这个好办，皇上亲自带领大军，一举灭了辽国，夺回幽州便是了。”不知为何，王钦若讲起这种英雄豪迈之事，却叫人浑身打战。也许是宋真宗又想起了澶渊时听到胡马嘶鸣、见到士兵战死的惨状，想了许久，说道：“如今河朔百姓刚刚过上几天安宁日子，朕怎么忍心再把他们送上战场？还有别的办法吗？”王钦若道：“四方百姓无不敬奉鬼神，崇尚祭祀。祭事中最重要的是封禅，陛下不如行封禅礼，必定能使四海之内的臣民镇服，使周围各国心生仰慕。”宋真宗听了，心中一亮。所谓的封禅，就是封泰山为最高的神，是一种古老的山川之祭。后世多借此祭天，与祭坛一样，是一种祭祀活动。社首是泰山下的小山，禅社首就是在社首祭后土（地神）。两者合称为封禅。封禅与祭天祀地的关键区别是：按照传统，只有德行泽及天下的君主才能够进行封禅的大礼。据说秦始皇封泰山，中途为风雨所阻，没能行成大礼，为后世所笑。事情反过来说就是，凡行了封禅之礼的皇帝就表明是有道之君。

所以，自古以来的帝王没有不看重此事的。封禅时要刻石纪功，流传后世。天下不太平统一，朝廷不富足，不敢行此礼。听王钦若要他封禅，宋真宗不由得欢欣鼓舞，跃跃欲试。正想一口答应下来去封禅，又听见王钦若说道："不过，自古以来，必须天有祥瑞昭示之后才能封禅。"祥瑞是指河出图、洛出书、醴泉涌、甘露降、芝草生、佳谷见等各种奇异古怪的事，据说是上天有意识地降下这些表示天下的太平安定、吉祥如意。"可是……"宋真宗感到为难。王钦若不等他说完，抢先说道："可是谁能知道上天什么时候才能降下祥瑞来？所以，为了封禅古人刻意去制造祥瑞，而这些后人也是知道的，关键在于人主要对它深信不疑，推崇备至，并把它宣示天下，使人人都以为真有其事，这事就是真的了。比如河图洛书，陛下真的认为像《易经·系辞》中说的那样，有龙马从黄河水中背出一幅图来，神龟从洛水中驮出一部书来吗？其实，根本就没有这回事，只不过是圣人借助于神道教育后来人的，就是所谓的用神道设教罢了。"宋真宗沉吟不语，以为这话也有道理。"以神道设教"是《礼记》中的话，此言的确出自圣人之口。可是，干这种弄虚作假的事，毕竟理不直气不壮，心中发虚，想了片刻后，宋真宗说道："这么做的话，欺瞒得了老百姓，又能瞒得过其他的宰相王臣吗？他们会答应吗？"王钦若道："臣告诉他们这是皇上的意思，他们就不敢反对了。"王钦若把王旦的为人看了个透，果然他虽不满意，却不敢反对，倒是宋真宗仍然犹豫不决。一天宋真宗来到秘阁，见直学士杜镐在秘阁当值，宋真宗认为他这个老儒生应该是见多识广、知识渊博的，就问道："古人说河出图，洛出书，究竟是怎么回事？"杜镐年岁已大，脑筋不大灵活，猜不出皇帝为何骤然要问这种事，只就事论事回答他说："这不过是圣人以神道设教罢了。"宋真宗见他也这么说，看来圣人真的在撒谎。那么我为什么要太过于拘泥细节呢？于是心中暗暗下定了去泰山封禅的决心。但他心中仍担心王旦出面反对，就召王旦入宫一同饮酒。君臣之间你敬我一杯，我敬你一杯，直喝得酣畅淋漓，甚是痛快。宋真宗道："爱卿可否知道今日喝的是什么酒？""御酒。"宋真宗哈哈大笑道："不论什么酒拿来给朕喝，都是御酒了，朕何必问你？朕是说爱卿知不知道这酒的来历？……朕还是稍微知道一点点的。这酒原名为蒲中酒，是蒲州（今山西省永济）所产。太祖皇帝即位前最爱喝此酒，即位后便做了宫中御酒。"宋真宗道："爱卿觉得味道如何？"王旦不住地咋舌赞道："很好，平和醇厚，酒香沁人心脾，老臣今日只怕要醉倒宫中，大大地出个丑了。"宋真宗哈哈笑道："爱卿所言极是。蒲中民谣说：'蒲中酒，快闭口。'就是珍惜它的香味，莫叫它从口中走了。只从鼻中缓缓呼出，醇香缕缕，熏熏醉人，就真的像在云里雾里一样，爱卿只管放开量喝就是，醉倒了朕送你回府。再给你带回一坛，与家人一起细细品尝。只是切记莫从口中漏了真味，否则就与村酿没什么区别了。"王旦连忙谢恩，回府时皇上真的送他一坛御酒，命随从抬了回去。没想到打开坛口封泥时才发现，却是一色小指肚般大的珍珠，王旦不禁目瞪口呆。他回想宴间皇上说的闭口香等语，全都明白了。原来是皇上在贿赂他，要他免开尊口。从那以后，王旦对于朝廷上的各种事情一概不发表意见了。

大中祥符元年（1008年）正月的一天，宋真宗在崇政殿西侧召见知枢密王钦若、宰相王旦等大臣，说道："朕的寝殿中帘幕帐幔都是青绝做成，如果是在白天，没有灯火和蜡烛的照明，也是分辨不清各种颜色的，十分模糊。去年十一月十七，半夜里，朕正要上床就寝，忽然屋中光亮四起。朕起身看时，见一位神仙，头戴星冠，身穿绛袍，对朕说道：‘速在正殿建一黄箓道场，做法事一月，就会为你降天书三篇，名为《大中祥符》。天机不可泄露。’朕正要答话，已踪影全无。朕忙提笔将他的话记下来。从十二月初一开始，朕每天不再吃荤腥的食物，在朝元殿设了黄箓道场，搭起九层彩坛，用木雕了轿子，镶上金宝，专等神仙能有所赐予，好抬了回来，一个月过了仍不敢撤走。心里正在焦急地想着，突然皇城司奏报说在左承天门南房角上有一条黄色帛，上端就挂在房的鸱吻上。朕急忙让中使前往观看，回来奏道：‘大约两丈长的帛，中间系着一物，如同书卷，上缠三道青丝缕，打结的地方有泥封加在上面，里面的字微微可辨。’朕也不知是何吉祥，诸位爱卿一同参详一番如何？”王旦想起那一坛珍珠，已经明白其中的缘故了，率领众臣说道：“陛下自即位以来，奉祖宗至尊至孝，奉天地至诚至敬。恭己爱人，治理天下，孜孜不倦。以致四方邻国，皆来修好；溪洞诸蛮，请求归顺。如今干戈止息，年年五谷丰登，都是陛下辛勤治理的结果。臣等私下议论说：‘天道不远，对陛下功绩必有回报。’这黄帛书卷，必是上天所降，以证陛下乃明德之人。臣等向陛下道喜了。”说完一起山呼万岁，叩头跪拜。宋真宗率众要往承天门奉迎天书，有人奏说：“不知天书所言何事，若众人皆知，恐泄露天机，不如暂且回避，陛下率一二大臣前往足矣。”宋真宗道：“天书中若是指责朝廷政事，朕当与你们一起恭听教诲，反思悔改；如果只是责备朕一个人，你们应当督促朕纠正，这应该让大家都知晓才对啊。为何要掩盖起来呢？”众臣一听，暗挑大拇指：“真是一个有道明理的君主啊！”只有王钦若与王旦心里知道是怎么回事，只是王钦若面色恭谨严肃，行若无事，王旦却是一脸的不自在，心里有苦却不能说。

到了承天门，各大臣和皇上一起烧香拜了苍天，命内侍周怀政、皇甫继明爬上屋顶，拿下天书，交与王旦。王旦跪倒在地，手捧过顶，献给皇上。皇上拜天后，接过天书，放在那顶用珍宝装饰的木轿中，与宰相王旦一起步行为前导。连皇上那柄不离身的黄罗伞盖也不用了，其他的一些礼节都免去了。直领到朝元殿摆下的黄箓道场中，由知枢密院陈尧叟亲自开封。众人瞪大眼睛，紧盯着那个黄帛卷，不知其中是什么东西。如果说要是相信天书，那就是要小看天下的众多人士了。因为其中的绝大多数人是不相信这些的。只是见天子、宰相、知枢密院事都一本正经，知道此事非同小可。都是在官场混久了的，见风使舵原是基本功，谁敢去戳这个马蜂窝，自找苦吃？贤士也要看准机会，才好说话。若于此时出言阻止，让天子下不了台，岂不是自己找死？所以那些人个个十分恭谨，默不做声。陈尧叟将黄帛从书卷上解下，又除去泥封、丝结，高高举起，献给皇上。只见黄帛上有数行文字，写的是：“赵受命，兴于宋，付于恒。居其器，守于正。世七百，九九定。”意思就是说：“赵匡胤受上天之命，从宋城（今河南省商丘）兴起，做了皇帝，如今该传位于赵恒。赵恒居守皇帝神器，正道行事，能世代相传，共七百世，九九大位（即皇帝之位）不会颠覆。”宋真宋跪在了地上，双手很郑重地拿着书卷，命右谏大夫、翰林学士晁迥宣读。晁迥跪奏道：“我识字有限，人世间的书都没有看全，又怎么能识得天书？请皇上另择高明吧！”这就是一个不怕死的，把宋真宗气得暗暗咬牙。在今天这种日子又不便发火，只好仍由陈尧叟宣读。众人不禁佩服晁迥的勇气。听着陈尧叟念那天书，语气像是《书经》中的《洪范》篇，又像是老子《道德经》。也没有什么新鲜的东西，只不过是一些歌功颂德、满篇吹捧当今皇帝的华丽辞藻罢了。读毕，宋真宗仍跪着接过来，用帛包好，放入金匮。群臣由王旦率领在崇政殿祝贺，接着皇帝设宴招待群臣，祭告天地、社稷、宗庙；大赦天下；给群臣加官；把当年年号改为“大中祥符”；京城百姓自二月初一起，赐酺五日；又将发现天书的左承天门改名承天祥符；朝中特设了天书仪卫扶持使的官号等，轰轰烈烈的活动忙碌了好一阵子。

上面说的“赐酺五日”，就是准许百姓聚众饮酒，五天之内，不加罪责的意思。还有其他活动，如官府军营，各官营手工作坊工人放假，命教坊乐队和京城钧容值班的艺人当街演出等。总而言之，在王钦若和宋真宗的联手导演下，“天降祥瑞”这台戏总算是成功了。上行下效，此后普天下的地方官都争相向朝廷报告祥瑞。也有人不相信，如龙图阁侍制孙对宋真宗说：“孔夫子说：天何言哉，日月行焉，四时序焉。天是不会说话的，它以日月运行，四季交替体现它的意志。更不会写书，怎么会有天书出现？”宋真宗哑口无言，不能作答。

天瑞已经降了，那么下一步就是封禅了，当年三月，兖州地方的绅耆父老1287人来到京城请求封禅。接着是各地赴京应试的举子，又在兖州进士孔谓等人的倡议之下，共864人恳切上疏，请求封禅。在王旦率领下，文武百官、诸军将校，以至州县官员、蕃落头人等共24370人，先后五次上疏请奏，请皇上行封禅大礼。宋真宗召见了权三司使丁谓，查问了封禅的经费有没有困难。丁谓答说："绰绰有余。"于是决定当年十月封禅。任命翰林学士杨亿起草告天下人的诏书，同时将封禅大事布告天下。

四月中，王钦若被提升为参知政事，与另一位参知政事赵安仁同为封禅经度制置使；引进使曹利用、宣政使李神福筹划沿途营寨道路；以丁谓筹划粮草；以翰林学士杨亿、李宗谔、晁迥，龙图奖直学士杜镐、待制陈彭年等，和太常礼院一起筹划封禅等相关事宜，还有各种制度的制定等，为封禅做着各种准备。

自古以来有识之士都反对封禅，认为是一项劳民伤财、荒诞不经的活动。荒诞是一方面，更重要的是劳民伤财。

从决定封禅开始，为了给天子的出行准备饮食起居，到泰山沿途各州县都要做许多准备，尤其是到了兖州，各种费用更少不了。

从京都到兖州一共有两条路，一条是由京城北行，经过今河南濮阳、山东郓城等地到兖州，称为北路；另一条是直接向东北方，经过今山东省曹县、单县等地到兖州，称为南路。朝廷命专使沿途调查二路情况，发现北路沿途邮传驿站的配置比南路好。所以走南路虽然比较近，路程短，但是花销却比北路大，于是决定走北路。四月，下令沿途不许建行宫。这当然是官家说的面子话。没有建行宫，天子住哪儿？州县照建不误。五月，京东转运使奏称，沿途行宫须用筒瓦，请求由京城运给。宋真宗在奏呈上批示：因为运送筒瓦太过麻烦，所以改用普通的板瓦建造。即便用板瓦建造，从京都到目的地有千里远，每隔三五十里就要建（或修）一座行宫，耗费巨大。地方官借这机会大捞一把，有的以建行宫为理由，占用民田、林木，奴役百姓等。此外，还有祭坛、祠庙等建筑，花费也令人咂舌。当年四月，就命令在皇城的西北天波门外建造一座昭应宫，用来供奉天书。五月，确定了泰山祭坛的式样：在山顶者圆形，高九尺，直径五丈，四面各有台阶，用青色装饰，坛上颜色与方台上相同，坛四周建壝，宽一丈，用青绳绕了三周。坛东方建燎坛，方形，边长一丈，高一丈二尺，坛顶南向开门，门外又建方有六尺的平台，用来建台阶，称为除道。山下祭坛分为四层，基本上类似于京郊的天圆丘。也是四方各有台阶，每层台阶分三梯，四层共十二梯。周围有三重短墙围绕，称为壝。坛东南方也有一座与山形相似的燎坛。禅梁父的坛建成八角形，分三层，外面也有三壝，形状和体制与京城中的拜地的方丘大体相同。随行官吏、将士等人沿途在驿站、官府以至庵观寺院居住。由于人数很多，所以驿站的需要也大大增加了，工程量也扩大了，整个驿站扩建修葺了一番。

朝廷专门设立桥道顿递使负责沿途桥梁、道路的修建。普通道路要拓宽、布土，经由州郡等人多处，还要在两旁加设栏木，不允许行人或车马经过，尤其要注意维修登泰山的路。出于安全的考虑，泰山以北到齐州的一带地方从四月份开始就派兵巡逻，同时也禁止了通行。

仪仗、随从也是一大宗花费。五月定制：登泰山、行封祭礼仪仗队用黄麾仗，旗幡、衣饰都用黄色。送天书出京的人有道士百人左右，后增至1600人，组成浩浩荡荡的仪仗队。皇帝的仪仗队用的銮驾就有两千人之多。有前后部鼓吹，不仅文武百官、僧道蕃部，连同六军将士也要随行，数十万人的粮草供应就够繁重的。仪仗中车是一大项，天子乘车有五种，称为五辂。其中金辂、玉辂高二丈三尺，宽一丈三尺，一般州县城门、桥道无法通过。桥道使赵安仁曾经奏请：城门、桥道狭窄的地方应当拆除重建。结果宋真宗下命绕道而行。即使这样，必有一些不可绕行者，拆桥毁城，在所难免。六月，御辇院又奏请新制一种“升泰山天平辇”为皇帝登山所乘。宋真宗看了模本后说是太重，让其减小。后来造成的比原定的式样减少了七百多斤，所以此辇的大小可以想象得出。制造封禅用的玉，花费很大，仅玉册、玉牒就有七种。文思院玉工说：“十月封禅以前，这些玉无论如何也制造不出，请求以珉石代替。”宋真宗不许，后来才发现，太宗皇帝也曾经打算建行封禅，命令玉工预先制造了玉牒、玉册，而且也花了一年多时间才做成。后来封禅礼没有举行，所制册牒放到崇政殿库中，才解决了这一难题。其他物品如拜垫、坐褥等也都重新制作。四月，还命令沿路的州县一律酿酒，供扈从官兵饮酒。五月，又命各自增加屯兵，增给酒食、缗钱和其他犒赏。八月，命扈从人等，包括官吏、军士及蕃官、僧道等都发给装钱，数量比平时天子巡视时加一等。九月，命外州军士到京城服役者，役毕以后各赐给锦袍，从驾军士给鞋钱，随从登山的官兵给钉鞋。鞋钱并非买鞋之钱，而是一种奖赏的钱目。由于数目太大，士兵无法携带，丁谓特为请求设置“随驾使钱头子司”。“头子”是一种文券，士兵支钱改支头子，持头子到指定处取钱，十分方便。许多祭祀活动附带着和封禅一起进行，除宗庙之祭外，还规定沿途十里之内所有神庙、桥道等都加祭祀。这其中的名山大川，如有先代帝王功绩，朝廷也派出专使去祭祀，其他的由所在州代为祭祀。又于封禅前的第七日，派官分别祭祀天齐渊等八神，以及云云、亭亭、肃然、徂徕、会稽五山；在泰山下望祭以前曾经进行封禅的所有帝王；封祀之前以太牢祀泰山，还有少牢祀社首等。

总之，土木工程、制造仪仗、器物、随从食用、犒赏，以及各种祭祀，每一项都是很大一笔开支。

大中祥符元年（1008年）十月初四，宋真宗从京都起程赶往泰山。这一日，天还没亮，随行大臣和抬天书的仪仗队都在乾元门外排队等候。特定官员从宫中“请”出天书来，到乾元门前放入玉辂之中。黄麾仗、前后都鼓吹以及道士组成的仪仗队一起走。先到乾元殿前，随行大臣拜请御驾起程。不一会儿工夫，皇帝从殿内走了出来。只见他头戴通天冠，衣穿绛纱袍，威风凛凛，好不认真。登上大辇后，仪仗队吹吹打打，出宫而去。御街两旁围观的老百姓早已人山人海了。他们虽然生长在皇城根下，但这样的排场也是极少看到，这比看一台大戏有趣得多。当日，车马一行人在郊外行宫住下。第二日住陈桥驿，距京都不过四十里。如此经韦城（今河南省滑县东南）、卫南（滑县东六十里）、澶州（今河南省濮阳）、濮州（今河南省范县南之濮城镇以东）、郓州（今山东省东平以北）等地缓缓行来。一路上王钦若等人不断地上奏各种吉祥的兆头，如泰山芝草出生、黄河上游多雨而不泛滥、五色的云彩在泰山顶上涌起等。终于在十月二十来到泰山脚下的乾封县（今山东省泰安），皇帝住在奉高宫中。二十二日，知制诰朱巽与负责山顶祭祀封禅泰山的官员带着玉册、玉牒等宝物，先期登上山顶。由于途中自回马岭到天门一段道路难走，每人给横板两块，束在身前、身后各一块，板上系有彩色的帛子，由亲随的士兵前拖后顶而上。

二十三日黎明前五刻，皇帝开始登山。先穿戴通天冠、绛纱袍，乘金辂，带着大队人马到了山顶上。换上平时穿的靴袍，改乘步辇。只带着少数几个人上山去，把仪仗留在山下。从山根直到太平顶，每两步就有一个士兵守卫着，为了装饰，把一条长达几十里的登山道弄成一条彩绣的长街。

二十四日，在山顶的祭坛上祭了昊天上帝，用太祖、太宗的灵位配合祭祀。仪卫使手捧天书，站立在上帝牌位的左方。皇帝穿兖服，戴冕旒，行祭奠礼。其他的侍从，导祭之类的人全部都省去了。由摄中书侍郎周起宣读玉牒、玉册上的文字。读毕，皇帝喝福酒。然后，摄中书令王旦下拜祈祷说："上天赐给皇帝统一大计，周而复始，永远不断。"祭罢，将玉册、玉牒各放入玉匮、金匮之中，封妥，由王旦放入石匣，太尉冯拯抱到坛下，由将作监官员率领工役把它埋好。皇上看完后，回到山上的临时住所中，司天监上奏说有祥云绕坛等，宰相便带领各大臣前来祝贺，山上和山下的人员一起齐声欢呼，声音响彻山谷，这样才够气派。当天，皇上回到奉高宫去住。

二十五日，又在社首山祭土地神皇地祇，仪式与祭昊天上帝相同。不过由于社首山不高，皇上身穿袍靴，步行上山。臣僚们一再要求皇上乘坐步辇。皇上道："祭祀就是去见见神，前面不远就要与神会面了，我怎能再装模作样地乘辇而行？"执意不允。将盛玉牒、玉册的石匣掩埋后，司天监说是有紫气绕坛、黄气绕天书等，然后在山下释放了各个地方贡献的珍禽异兽，皇上回到了奉高宫中休憩。

二十六日，皇上在奉高宫的朝觐坛上接受随从和群臣的朝贺。不仅文武百官，还有皇亲国戚、四方使臣、蕃客父老、僧尼道士等各界人士都前来祝贺。皇帝当即宣布大赦和赏例：即使一般大赦都不会涉及的重罪犯也一律赦免；文武百官都加官晋级获得封赏；致仕即退休官按本品给全俸一年；京朝官三品以下穿绯服和绿服满十五年以上者，允许改变服色，原穿绿者赐绯服，穿绯者赐紫服；兖州、郓州免来年夏秋税和屋税，其他的途中经过的州县免去来年夏季屋税的一半，等等。

二十七日，起程返回都城。从这一天起，皇上恢复了日常的饮食，不再像祭祀和封禅时候那样吃斋饭了。皇上召见王旦等随从大臣，一面发给紫花绒袍等衣物，一面安慰说："自出京以来，辛苦你们与朕一起吃素。如今祭事已毕，可以食荤了。"王旦等人一边口中答应，一边跪倒拜谢。只有知枢密院事马知节秉性粗直，不肯和他们一样去附和，在一旁说道："皇帝不必这么说，吃素斋的只有你一人，臣等来时都带了不少牛肉、猪肉，一起吃了素斋，私下里再吃肉食，吃素斋不过是做样子！"皇帝愕然问王旦说："真是这样吗？"王旦没有办法，只好招认了。皇帝又好气，又好笑：欺骗了君主，又怠慢了神灵，从律例上来讲应该斩首。可是——他自己不也是偷偷开荤戒？原以为做得聪明，把群臣都瞒过了，谁知道群臣也都是一样的心思。幸好大家都在相互欺骗，谁也没有吃亏，又因为法不责众，只有和大家一笑完事。

十一月二十，皇上起驾回到京都。丁谓又将天书送入大内供奉起来，然后百官放假三天，各种奖赏不断。直到年底，这次封禅活动才宣告结束。从天书降临以来，全国上下为了封禅忙碌了一年。

大中祥符三年（1010年）六月，河中府（今山西省永济）进士薛南与僧道、士绅1290多人，联名上奏，请求皇上到汾阴去祭祀后土。节度使宁王元渥也上疏请求，宋真宗皇帝没有答应。七月，士绅、文武官、僧道、将校等三万多人又联合三上表章，请祭后土。于是在八月初一，皇上诏告天下百姓，将在来年的春天，到汾阴祭祀。

看来好像宋真宗是被迫祭祀汾阴，其实不然，就像王旦他们吃素一样，大家都在装模作样。祭泰山以后，宋真宗以为祭天而不祀地，有失偏颇。既已祭泰山，汾阴祭地势在必行。于是命陈彭年收集有关历代祭后土及停祭后土的事实，并把上述认识转告了宰相。宰相既然已经知道了皇上的意思，就会鼓动各方百姓上疏。与上天书事件一样，这些完全是朝廷中一些人导演的好戏罢了。

之后，就是各项准备活动。首先任命知枢密院事陈尧叟为祀汾阴经度制置使，兼任河中府知府；以翰林学士李宗谔做副手。另外任命龙图阁待制王曙、昭宣使刘承珪为计度转运事，负责物资运送和供应；以客省使曹利用、西京左藏库使张景宗、供备库使蓝继宗负责修建沿路的行宫、道路。然后，又调拨了陕西、河东地区的士兵五千人到汾阴充当丁夫与力役使唤。沿途增设急脚递铺、驿传等，以保证讯息的及时传递。专门为此加驿卒、铺卒共8450人。又命令翰林学士晁迥、杨亿，龙图阁学士杜镐、直学士陈彭年，知制诰王曾等人与太常礼院的有关官员一起研究制定祭祀汾阴的礼仪制度等。后面的准备活动和封泰山活动相同。九月，太监江守恩为祀汾阴押运石车，到了郑州祖村子时，干了许多坏事。当时麦苗刚刚出土，他便出钱强买百姓来年夏收小麦，称为市青苗，就像后来王安石实行的青苗法那样，又调动役夫600人到民田中抢收禾穗；他还擅自调他们做其他私事，稍不如意，就是鞭打棰杖。役夫不能忍受如此虐待，逃亡了200多人。后来，他命役夫蔡文义到村中买驴，没有买到，就把蔡文义活活打死。江守恩因为闹出人命官司，只得抵罪而死，但是类似的强行征用民夫，占民财物的事情却屡见不鲜。由于大中祥符三四年间，天下大旱，京城和附近郡县谷价昂贵，这时候大兴封禅活动，更加是反讽朝廷之无能。一边是地方官、大臣接连不断向朝廷奏报祥瑞，什么黄河清，庆云见，仙鹤翔；另一边是赤地千里，万民愁叹。官府只要让人们认为现在天下太平，时和年丰，而至于事实究竟如何他们从来不管。

大中祥符三年（1010年）十二月，龙图阁制侍孙奭上奏，从一个封建文士的角度分析和论述祀汾阴不合常理的十种表现：其一，按照传统封祀大事，要“卜征”五年。五年之内，风调雨顺，天下无事，祥瑞屡现，才能举行。如果不是这样，就要修身养性，推行善政，再卜五年。如今刚封完泰山，又祀汾阴，实在有些过分。其二，祀汾阴的事自古少有，只有汉武帝想封泰山，怕人有意见，才先封中岳，又祀汾阴，然后到泰山之下。这不过是要循序渐进，是把祀汾阴当作了过渡的台阶。现在既然已经封祀了泰山，再祀汾阴已经没有太多的必要了。其三，《周礼》以圆丘祭天，方泽祭地，就是今日的南郊、北郊。汉初以前只有五畤祭天，汉武帝时才在汾阴祭地。元，成二帝时，接受大臣建议，把汾阴的祭祀移到北郊。从那以后，已经很少有帝王祭汾阴的情况了。如今既有北郊的祭地活动，又要祭汾阴，实为画蛇添足。其四，西汉定都长安后，由于离汾阴很近，便直接在那里祭祀。如今距汾阴不下千里之遥，陛下远离京城重地，跑到那里去祭祀，一旦有了突发事变，很难处理，实在是有点不妥当。其五，唐朝兴起于河东，建都长安以后，仍时时到河东巡视，沿途必经汾阴。所以唐明皇（玄宗）也祭过汾阴，不过是顺路而为罢了。皇上去祭祀汾阴却是没有道理的。其六，天若降灾，朝廷行事须格外小心，这是周宣王能够中兴周朝的原因，历朝都把这作为经验之谈。如今数年以来，旱涝连年不断，陛下正宜潜心修道，以回答上天的谴责。不应听信小人之言，远劳百姓，萧鼓盘游。其七，二至八月之间打雷是正常现象，它是天子贤否的象征。如今冬季有雷，明明是上天对皇上的警告，希望陛下悔改，陛下却不思悔改，更要去祀汾阴。其八，民为神之至尊，所以先王成民事在先，致神事在后。如今国家连年大兴土木工程，水旱灾害很多，而要惊扰百姓，祭祀神祇，是把主要和次要颠倒了。其九，陛下一定要封祀，不过是学汉武唐皇为自己歌功颂德而已，不应该为求得此虚名，而妨碍国家的治理。其十，朝中大臣要陛下效仿唐明皇，以开元故事为榜样。实则唐明皇宠幸后宫，信任奸邪，终于搞得国家大乱，自己也四处流亡，不足以为陛下榜样。他不久又上疏说："为了祀汾阴的活动，已经将京城弄得人心惶惶了，而江淮的老百姓也已经疲于应付，土木之类的工程还没有停息，而全国各地的四方盗贼已经公然横行了。先帝曾要封祀，由于天灾没有实现。大臣便要陛下继承先帝遗志，实行封禅。其实先帝的真正遗志是西取继迁，北克幽蓟。对于此却没有人献出任何计策，反而言辞卑切，奉以岁币向契丹求和；以用加官晋爵，姑息李继迁。如今又装神弄鬼，假造祥瑞，鼓动陛下，重行封禅之礼，劳民伤财，危害百姓，真是让人痛心和扼腕叹息啊！"

不管孙奭的表章说得多么恳切，宋真宗还是我行我素。于大中祥符四年正月二十三，他带着仪仗队，带着僧道蕃官和六军将士，由供奉天书的仪仗队引路，离开京城浩浩荡荡奔西而行，经过洛阳，出了潼关，又向北渡过了渭水和黄河。于二月十二到达宝鼎县（今山西省荣河镇），下榻于奉祇宫。从第二天开始斋戒三日，十六日，登坛开祭，四月一日回到了京城，这一趟来回耗费了六十八天。

宋朝建立后，平泽潞李筠用了六十天的时间。平扬州李重进用了四十九天，平西蜀孟氏用了六十六天，平湖湘高氏和周氏总共用了六十三天。而祭祀汾阴，出动数十万人，却用了六十八天！如果再加上准备祭祀的时间，那更让人无法计数了。

孙奭上疏说："我作为大臣，因鼓动皇帝制造祥瑞、假托鬼神而痛哭长叹。"大多数正直的人都和孙奭是一样的。即使是身为宰相的王旦，每次大的祭祀活动都作为天书使，捧着天书在前面带路。他既知这是弄虚作假，又没法表达心中的悲哀；有心揭开这场骗局，可又顾虑重重；若请求退职，又觉得宋真宗对他挺好，无缘无故离去，有点儿对不起宋真宗。因此整天闷闷不乐，回忆起当初李沆的忠告，于是常常称赞他说："李沆真的是个圣人啊！"临死前对儿子说："我一生做官，自认为万事都无愧于心，只是天书的事，我死亦不能赎罪。我死以后，愧对列祖列宗，你们把我的头发剃了，穿上僧衣入殓，不得再列于士流。"可以看得出他内心是多么的痛苦。因此有人把他比作冯道，但这不免过分了。利用政权，作假骗人，不知从何时起；而王旦还能有些惭愧之心。等到所有的参与者都心安理得的时候，这个政权也就面临灭亡了。

封祀显然对宋代社会影响极大，不仅耗费了大量人力物力，加上赐功、推恩、大赦之类伴随封祀而行，破坏朝政，机构膨胀，行政效率大大降低。

尊孔崇儒，三教并举

宋真宗在即位伊始，就封孔子45代孙孔延世为曲阜县令，袭封文宣公，并赐给他《九经》和宋太宗遗物。同时下令本路、本州官员不能像对属下那样，而必须像对客人那样对待孔延世。

前已述及，他在东封泰山时，特意亲自到曲阜祭孔，举行了颇为隆重的典礼。宋真宗本来想尊孔子为帝，但是有人提出：孔子自认为是周朝的臣民，周朝最高的是王，如周文王、周武王等，如旲尊孔子为帝，封号就超过了周文王、周武王，这似乎不太合适。于是宋真宗就尊孔子为玄圣文宣王（后因“玄”字犯了圣祖讳，改“玄”为“至”）这同以前历代相比，仍然是最高的。宋真宗还亲自写了《玄圣文官王赞》，令人刻了碑，立在孔庙和国子监。

宋真宗不但给孔子上尊号，对孔子的弟子们也给予加封。他封颜回为国公，封费侯闵损等9人为郡公，成伯曾参等62人为侯，还命令大臣们分别为这些人写了《赞》。不久，又封左丘明等19位先儒为伯。天禧五年（1021年），宋真宗下令国子监将自己写的《至圣文宣王赞》和诸大臣写的十哲、七十二贤赞刻板印行。

大中祥符三年六月（1010年7月）间，宋真宗下令颁布《释奠玄圣文宣王庙仪注》和《祭器图》，要求各地依照其中规定定期举行祭孔仪式。

大中祥符五年（1012年），宋真宗曾对龙图阁直学士陈彭年说：“儒学兴衰，关系极大。国家的命运，与此息息相关。所以，秦朝焚烧了经书，国家迅速灭亡，汉朝大办学校，则国家昌盛。其他各朝各代，也大抵如此。唐朝最重视教化，五代就不行了。我朝太祖、太宗都尊孔崇儒，改变了五代的旧风俗。朕这些年的努力，不过是继承他们的事业罢了。”后来，他又把这些想法，撰成《崇儒术论》赐给大臣们。尤其令人深思的是，他说这番话写这篇文章的时候，恰恰是在圣祖降临前后。

古代帝王尊孔子为“至圣文宣王”这件事很多人都知道，但是相比之下知道此事始于宋真宗的却要少得多，人们往往把此事张冠李戴地归于某位尊崇理学的皇帝名下，而想不到创行此事者竟是一位在人们印象中崇道色彩很浓的这位宋真宗。

宋真宗从小受到正统的儒学教育。宋太宗不但为他安排了宿儒做老师，而且在给他配备僚属时，也多找对儒学有造诣的人。据宋真宗自己对王旦讲：“朕在东宫讲（实际是听讲）《尚书》凡七遍，《论语》《孝经》亦皆数四。”可见他对儒家经典的熟态。这种幼年的儒学教育，使他同儒学结下了不解之缘。

宋真宗在做皇帝以后，专门设置了陪伴自己读儒学经典的学士，这是前所未有的。宋太宗时，曾设翰林侍读一职，让担任此职者陪自己读儒经以备顾问。咸平二年七月（999年9月），他正式任命杨徽之、夏侯峤、吕文仲三人为翰林侍读学士，任命邢昺为翰林侍讲学士。宋真宗正式给他们以“学士”的名号，显示出他比他父亲更加重视讲论儒经。在秘阁中设

"直庐"（类似值班室），让侍读、侍讲学士轮流值班。宋真宗经常与这些学士一起讨论经书，他说："朕听政之外有空余时间，从不敢虚度，都用来读书，有时读书读不懂，很苦恼。现在设学士，就是要为朕排忧解难的。"

咸平元年正月（998年2月），即他即位不久，他就对大臣们说："朕在宫中有空闲时，喜欢听人讲说儒经。"随后就召国子监直讲崔颐正进宫，给他讲《尚书·大禹谟》，崔颐正讲得使他很满意，便赐给崔颐正五品官服以示奖赏。改日，他对大臣们说："崔颐正讲《尚书》讲得很精，请你们在官员中再选几位精通儒经的人推荐给朕。"而后好一段时间，他经常让崔颐正到后苑给他讲《尚书》。

此后，他又请翰林侍讲学士邢昺给他讲《春秋左传》，咸平五年正月（1002年3月），邢昺讲完了《春秋左传》，他特地召集宗室、侍读学士、侍讲学士、王府官，在崇政殿举行宴会以示庆祝。宴会间，邢昺感叹说："《左传》这部经，过去很少有帝王能从头到尾地听讲，现在皇上让我讲了一遍，实在不容易。"宋真宗说："学习比别的事更有益，各种书中儒经是对管理国家最有好处的书，别的书都比不上。朕听政之余，就爱看儒经和史书，从来不觉得疲倦。所以《左传》虽讲了许多时间，朕也不烦。"他赏赐了邢昺衣服、器具等，并宣布给邢昺晋级，显示出他对此事的重视。

邢昺在宋真宗即皇帝位以前，就曾以诸士府侍讲的身份为宋真宗讲过儒经，做了侍读学士后，又为宋真宗讲儒经，先后讲《孝经》《礼记》各2遍、《论语》10遍、《尚书》13遍、《易经》2遍、《诗经》《左氏春秋》各1遍。他一个人就讲经这样多，可知宋真宗学习儒经花费的时间和精力是很多的。

据说，宋真宗在东封西祀离京旅行的途中，都坚持时时请人为他讲儒经，还常常在经书上用小字做眉批，记下心得和人们对经文的不同理解。宋仁宗后来曾让有关的人回忆当时宋真宗听讲经书的情景，写了《讲席记》一文。

宋真宗晚年，大约同他的尊崇道教有关，他对儒家经典中的《易经》特别感兴趣。陪他读《易经》的是冯元。冯元是广州人，大中祥符六年（1013年），宋真宗下令选拔熟悉儒经的人补充学官。当时冯元任级别很低的江阴县尉，前来自荐，声称通晓五经。主持选拔的右谏大夫谢泌笑着对冯元说："过去精通一经，往往要头发白了才能成功，即所谓皓首穷经，你竟敢说自己通晓五经，是不是在说大话呀？"冯元回答："经书虽有一经、五经之别，但其精髓却只有一个，掌握了它，就能通晓诸经。"谢泌当场出题考试，冯元对答如流，谢泌大为惊讶，立即向宋真宗推荐，于是冯元被选用为国子监讲书。不久，又晋升为大理评事、崇文院检讨、国子监直讲。

大中祥符八年（1015年），宋真宗在殿试科举考生的空暇，召冯元给他讲《易·泰卦》。冯元在讲论中说道："君道至尊，臣道至卑，所以必须互相以诚相待，才能共成大业，共享太平。"宋真宗听得很高兴，赏赐冯元五品官服。不久，冯元被提升为太子中允，宋真宗又创设了直龙图阁的官衔，加给冯元，同时还写诗赠给他，可见宋真宗对冯元讲的《易经》是非常满意的。

天禧元年（1017年），宋真宗把让冯元讲《易经》固定为经常性活动，他还让查道、李虚己、李行简等参加讨论。据说，宋真宗对冯元讲：“朕希望找三四个人一起讨论《易经》，不要搞得太正规、太拘谨，大家就像普通朋友那样随便，不穿官服，不要侍卫，不要常规的君臣大礼，备些茶水果品，边吃边谈，有说有笑，谈得累了就停止。”冯元于是推荐了上述三个人。这三个人都以孝闻名。查道的母亲病了想喝鳜鱼汤，时值冬月，查道凿冰捕鳜鱼为母亲做汤。李虚己母亲害眼病，医生说，如有人用舌舔一千天，眼病就可痊愈。李虚己于是天天舔母亲的眼，终于使母亲盲而复明。李行简的父亲患毒疮，痛苦异常，李行简用嘴吮吸父亲疮里的脓，终于使父亲的毒疮治愈。冯元找这三个人，大约是为了迎合宋真宗希望儿子孝顺的心理，结果宋真宗非常满意。天禧四年八月（1020年9月），宋真宗在老臣崔遵度去世的情况下，选用冯元做了太子右谕德，赋予了他辅佐皇位继承人的重要使命，可见宋真宗对冯元的特殊信任。

宋真宗即位后不久，他的“潜邸旧臣”、被他委任为判国子监的李至就向他提出，国子监的儒学经典正文和注解中错讹颇多，希望委派国子博士杜镐、直讲孙奭、崔颐正等进行校勘，宋真宗接受了他的建议。咸平四年九月（1001年10月），国子祭酒邢昺、直秘阁杜镐等献上经过校勘订误的《周礼》《仪礼》《春秋公羊传》《春秋谷梁传》《孝经》《论语》《尔雅》七部经典及其“疏义”，共165卷，宋真宗下令刻板印刷，这就奠定了宋版十三经的基础。在我们今天看到的《十三经注疏》中，《论语》《孝经》《尔雅》都是邢昺的“疏”，这为儒经补充注解的工作，大约也是受宋真宗委托做的。

大中祥符五年（1012年），宋真宗认为当时通行的《孟子》的一种注释都不能令人满意，就令人重新为《孟子》作注，今天《十三经注疏》中的《孟子》是孙奭作的“疏”，可能就是应宋真宗之命而作的对《孟子》的注释。当时还在书后附了“音义”两卷。撰成后宋真宗下令刻板印刷，广为传布。

景德二年五月（1005年6月），宋真宗来到国子监，他在视察书库时问国子祭酒邢昺国子监现有多少书板（按当时活字印刷尚未行用，印书要用木板刻字，称“书板”）。邢昺回答：“本朝立国初期，国子监只有不到4000书板，眼下则已有10余万，儒经、对儒经的注释、史书都有。臣下小时候上学时，同学中很少自己有带注解的经书的，现在国子监等处大量印行各种书，带注解的经书一般百姓家都有，学生们遭逢今天的时代真是幸运！”宋真宗高兴地说：“这一方面是因为国家重视儒学，另一方面也是因为天下太平，不然不会是这样。”从他的话可以看出，不少书板大约都是宋真宗即位以后新刻的。国子监印制的书籍向民间出售，当有人向宋真宗讲所售书定价太低时，宋真宗讲，国子监印书卖书本来就不是为了赚钱，而是扩大流行，坚决不同意提价。在宋真宗去世前，他还下令让国子监将各种儒家经典重新刻板。

宋真宗也很关心学校和书院。咸平四年（1001年）宋真宗下令，凡各州县有学校聚徒讲学的地方，各赐给《九经》一套。同年，宋真宗下令“以国子院经籍赐潭州岳麓山书院”。次年，他又下令重修白鹿洞书院，并在书院内塑立孔子及其弟子的像。

大中祥符二年（1009年），宋真宗泰山封禅及祭孔以后，任命孔宜的儿子孔勖为知曲阜县兼检校先圣庙，孔勖请求在孔庙旁建立学校，延师招徒，宋真宗同意，这是宋代地方较早的官学。

戚同文是五代、宋初的著名隐居文人，他有很多学生，其中考中进士的就多达56人。他去世后，应天府百姓曹诚，自己出资在戚同文旧居附近建造房舍150间，聚集图书1000余卷，聘请老师，招收学生，在此学习。应天府报告此事，宋真宗对此事很是称赞，他为这所学校赐名为“应天书院”，并派戚同文的孙子、奉礼郎戚舜宾主持书院，同时给曹诚也委任了官职。

征求直言，实施仁政

俗话说“一朝君子一朝臣”，每个新皇帝都要重用一些新人，即使是儿子继承老子的皇位也不会例外。宋真宗即位后，首先得到重用的，自然也是他的“潜邸旧臣”。

在宋朝，非常重视官员的资历，皇帝想重用亲信，也不能不适当照顾这一惯例。宋朝宰相和执政大臣是最重要的职位，在宋真宗做皇帝的头三年，被他提拔到这些职位上的“潜邸旧臣”有李沆、李至、夏侯峤、杨砺和王继英。

李沆是宋太宗太平兴国五年（980年）中的进士。992年即已出任参加政事，做了执政大臣，但第二年因事被罢免。宋真宗被立为皇太子，他被任命为太子宾客，宋太宗命令皇太子以对老师的礼仪对待李沆和李至。所以，李沆和李至实际是宋真宗的老师和谋士，宋真宗做皇帝后最初的举措中许多都是他俩出的主意。所以，宋真宗一即位马上任命他俩为参知政事，成为执政大臣。第二年，吕端因病辞去宰相职务，宋真宗又任命李沆为宰相。此后，李沆做宰相一直到他去世。

李至初次担任参知政事的时间比李沆还要早，是在宋太宗太平兴国八年（983年），而且担任了数年，后因眼病负责秘书监三馆等事务。宋真宗初年，他重任参知政事，但不久就因眼病辞职。三年后，即咸平四年（1001年）去世。

夏侯峤，字峻极，宋太宗太平兴国二年（977年）中进士，曾任知州等。宋真宗是襄王时，他被任命为王府翊善，宋真宗做开封尹，他兼任府推官。宋真宗做皇太子，他兼任太子中舍。所以，他是宋真宗潜邸的“三朝元老”。宋真宗做了皇帝，夏侯峤被提升为给事中、知审刑院，几个月以后，就被任命为枢密院副使，成为执政大臣。但一年半以后，他被罢免，原因不详。又过一年，他被任命为翰林侍读学士，此后也一直担任较重要的职务，直至景德元年（1004年）去世。史书上说，宋真宗常常向夏侯峤咨询，可知他也是宋真宗的重要谋士。夏侯峤死后毕士安被任命为宰相，毕士安来到政事堂，摸着宰相的案子和座位感叹道：“如果夏侯峤在，这位子本来应当先属于他的。”可见宋真宗信任他是众人都了解的。

杨砺，字汝砺，是宋朝建立初年的状元，资历较深，但官升得却较慢。宋真宗做襄王时，他被任命为记室参军。他去谒见襄王后，回家对儿子讲：早在五代后周时期，他随周世宗进京，住在一所寺院内。一天夜里，他做了一个梦。梦里，他被领到一所大殿，殿上摆着一张桌案，案上有簿册，簿册内登录着许多人名。他一眼就看到了自己的名字。于是他上前问，簿册内是否写着自己的前程，桌案后的人回答，“去那边问你主人来和天尊去！”他听到面前的来和天尊对他说：“四十年后我们再相见，那时你就时来运转了。”眼下襄王长得恰好与梦中的来和天尊一模一样。他讲的是否是胡编的，我们无法判断，杨砺的官运此时确实有了转机。宋真宗做开封尹，杨砺被任命为开封府推官。宋真宗被立为皇太子，他兼任太子右谕德，官阶也升至郎中。

还是在宋真宗做开封尹时，有一次曾问杨砺是哪年中的进士。杨砺吭吭哧哧不肯讲。后来宋真宗才知道他不但中进士时间很早，而且还是状元，觉得那天的问话有些失当，于是对杨砺的印象很好。宋真宗做了皇帝，很快就任命杨砺为判吏部铨，这是主管官员任命的重要职务。不久，又让他改任翰林学士，主持科举考试。咸平元年（998年）11月，他被提升为枢密副使。然而杨砺似乎官运不佳，他做执政大臣仅2个多月就去世了。

王继英从小就侍候赵普，做赵普身边的小吏。赵普失宠时，赵普别的亲信纷纷离去，他却始终跟随赵普，做事反而比往常更卖劲。这使他不但受到赵普的器重，也得到社会舆论的赞扬。赵普重新做宰相时，安排他到政事堂做了有官阶的吏人。赵普死后，他转到还是藩王的宋真宗门下做内知客事。等到宋真宗做了皇太子，他被任命为左清道率府副率兼左春坊谒者。已是级别不低的正式朝廷命官了。宋真宗即位，他被提升为引进使。咸平元年（998年）他又被任命为枢密院都承旨，这以后不久，他劝宋真宗亲征，建议得到采纳。咸平三年（1000年）3月，他被任命为知枢密院事，进入执政大臣行列。景德元年（1004年）他又晋升为枢密使。此后他一直任枢密使，作为两府之一的枢密院长官，直到景德三年（1006年）去世。

除了被任命为宰相、执政大臣的以外，宋真宗另外一些“潜邸旧臣”，如毕士安、张旻、王继忠、夏守斌等也都受到提拔和重用。

在宋真宗意识到自己做皇帝已成既成事实、自己的地位已较为稳固时，他明智地采取了安反侧、释宿怨的策略，把一些可能成为自己对立面的人拉到自己一方来，对一些可能与宋太宗有积怨的人显示“一切从头开始”的姿态。

宋真宗任开封尹时，属下咸平县有一知县名叫李应机。有一次，赵恒（后来的宋真宗）派手下人拿着开封府的公文到咸平县办事，被派的人自以为是王爷的亲信，而王爷又是未来的皇位继承人，有些目空一切，在县衙内大吵大闹，全不把知县李应机放在眼里。李应机咽不下这口气，就下令将此人捆了，斥责他说：“你是事奉王爷的，我是事奉王爷他爹的，爸爸的人处治儿子的人该是有理的吧？”接着就命令手下人把赵恒派来的人打了二十大板。派去的人挨了打，回去就向赵恒哭诉此事。赵恒当时正怕惹事，哪里敢有所举动！不过他却记住了李应机这个名字。史官讲，这是因为宋真宗敬重李应机的正直，笔者却认为这是史官在“为尊者讳”，宋真宗对李应机有敬重之心的可能性不是没有，但可能性更大的，宋真宗不忘李应机的名字，是因为此事对宋真宗刺激太深了。

不管宋真宗如何记下了李应机的名字，眼下他要显示自己不计前嫌，以德报怨，利用李应机做文章是最合适不过的了。宋真宗即位不久，就提拔李应机为益州通判，并亲自召见李应机，对他说："朕眼下最关注西蜀的事情，所以派你去任此职，你去后务必好好干，另外注意了解四川各方面的情况，随时直接向朕秘密报告。"这样，李应机自然感激涕零，到了四川以后，多次向宋真宗报告情况并提出建议。宋真宗对他的意见也注意吸收和采纳。不久，宋真宗把李应机召回，提升了他的官阶和职务。

不过，李应机并没有长久地得到宋真宗的信任和重用。史书（或者更确切地说是宋代史官）解释说：这是因为他"贪财，多权诈"，而宋真宗逐渐觉察他的为人，就疏远了他。这种解释是否合理我们无法确定，如果我们"以小人之心度君子之腹"，则是否可以讲，他被疏远是由于他已经完成了自己的任务了呢?

趁更换新君主时平反一些冤假错案，这在历史上是较为常见的现象，宋真宗也有类似的举动，最突出的是重新处理秦王赵廷美一案。他在即位后不久，就宣布重新追认赵廷美为皇叔、秦王、西京留守、兼中书令。咸平二年（999年），又按照较高规格改葬赵廷美。随后又给赵廷美的两个儿子加官晋爵，这实际等于抹去了宋太宗加在赵廷美头上的罪名。宋真宗对宋太祖的儿孙们也表示出亲近的态度，这样就使得在宋太宗时期非常紧张的宗室内部关系得到某种缓和。

宋真宗对有同自己争位之嫌的胞兄赵元佐（赵元佐可能确实没有参与其事），也采取了谅解的态度。不但没有怪罪之表示，而且恢复了赵元佐被宋太宗剥夺了的楚王封号。宋真宗还几次表示要亲自去看望哥哥，但不知为什么却遭到赵元佐的坚决拒绝。赵元佐以自己的病为借口，终生不与弟弟相见，这对宋真宗来说，总是件憾事。

宋真宗有一个优点，即较能注意听各方面意见，尽管他缺乏足够的判断能力，以致使许多好的意见不能及时被付诸实施。他即位后不久，就让御史台下文转述他本人的意思，要京师内外文武百官从今以后凡遇皇帝有过失、时政有缺误、看到民间利弊、对军事设施有想法等，都可以直接向皇帝递奏折。随后，他又下令让各路转运使轮流到京城，向他面谈当地情况。咸平二年（999年）因为天旱，他又下诏要中外臣庶“直言极谏”，并且在诏书中说：“善者必加甄赏，否者亦为优容。”这一年里，宋真宗对身边大臣提到，他每天都要看臣下的奏章上百份，时时有收获，他要身边大臣们也看看这些奏章，从中找出可行者拟出实施方案给他。他还对管理收发奏章的官员提出要求，凡属臣下投递的密封奏章必须及时转给他，不得无故耽搁。此后他多次下诏征求“直言”，此时期官员们上疏言事的也就特别多。

由于宋真宗屡次颁发类似诏书，此时期上疏议论国事的特别多。众人围绕着官制问题、对辽方略、对夏政策（其中以灵州问题最热）、财政问题等展开了广泛的讨论，提出了许多卓越的见解。

与此相关联，宋真宗似乎很畏“天变”，在他即位后的一段时间里，凡遇到重大天象变化，他总是诚惶诚恐地查找原因，他的征求直言常常也是与此联系的。例如他即位不久，寿州献上一只绿毛乌龟，大约是当作“吉祥物”奉献的。不想宋真宗却多了心，他怀疑这是上天对他有某种警戒，就让宰相搞清楚。吕端提出此龟是吉祥物，理由有二：一是宋真宗曾受封为寿王，龟出自寿州，表示皇帝长寿；二是龟生水中，属阴物，辽、夏都在北方，也属阴物，龟生毛表示柔顺，说明辽、夏即将降服。宋真宗对吕端的话似乎不太相信，仍然嘱咐执政大臣不可掉以轻心。吕端的话本不足信，或许主要是用以宽慰宋真宗的，以防止他节外生枝，有什么失当的举动，但此事却突出地表现出宋真宗“畏天”的心理。

又例如，咸平元年正月二十四（998年3月5日），天上出现彗星。宋真宗就忧心忡忡地对执政大臣们说：“朕即位以来，不敢松懈放纵，尽力想把国事处理好，但现在还是出现了彗星，该怎么办呢？”吕端安慰他说：“从天象上看，只在齐鲁一带可能出问题。”宋真宗却担心不光是某一地区有事，于是，他于上朝避开正殿，吃饭减少品种，同时下诏要求百官直言朝政得失。

新皇帝即位，照例要给百姓一些恩惠，以表示自己是个好皇帝。这件事使宋真宗很为难，因为当时要在北方（辽）和西方（夏）两个方向备战，财政上紧巴巴的。这时，宋真宗的一位“老熟人”又给他出了个好主意，这个“老熟人”就是王钦若。

宋真宗没有忘记王钦若在那次核查灾害时帮了忙，所以即位后把王钦若召回京城改任三司判官。同僚中有一名毋宾古的，有一次向王钦若谈起：各地拖延未缴的田赋数量很多，其中有些是十年或几十年积累拖欠的，百姓根本没有能力偿还，可是因为账上有，官吏就年年借催账去百姓处敲诈勒索，已成为眼下一大社会问题。毋宾古准备上奏给宋真宗请求予以蠲免。王钦若听后灵机一动，就立即让手下人将有关数字统计清楚，抢在毋宾古前面向宋真宗递上了奏章。宋真宗看了奏章，不禁喜出望外，因为长年拖欠的田赋实际上已无法征收，何必不干脆蠲免，以此收买民心！

于是立即召见王钦若。在与王钦若谈话中，宋真宗问王钦若：“此事先帝为什么没有想到呢？”王钦若回答得很妙，他说：“先帝早就知道此事，大概专门留下来让陛下用以收天下人的心罢。”宋真宗觉得他讲得很有道理，马上下令实施。

咸平元年四月十六（998年5月14日），宋真宗正式下令，凡远年拖欠的田赋一律蠲免，因此种积欠而被抓进监狱者，一律释放。让各地认真清查落实。最后统计结果，共蠲免积欠1000万贯，释放因欠账在押囚犯3000余人。百姓纷纷称赞皇帝恩德，宋真宗内心对王钦若的好感更加深厚。

咸平四年（1001年），宋真宗又亲自审问因欠官府钱财而被捕入狱的人，一连审了7天，共释放2600余人，蠲免拖欠官府钱物260余万（单位失载）。宋真宗还让有关部门审查拖欠官府钱物的档案，凡属有冤屈的重新处理。例如：有个名叫柳延义的小吏，他主持秦州太平监银冶，银冶定额高而产量低，三年累积欠产银42000余两。官方要他个人赔偿，他只好以全部家产抵偿。宋真宗得知后下令重新处理此事，将没收财产全部归还柳延义。

此处，宋真宗还做了一些颇得人心的事。例如，四川地区铁钱贬值，当地官员士兵收入受到影响，宋真宗得知后下令调高折算比率。又如下令地方上减少服杂役的人数，据咸平四年（1001年）官方统计，此次共减去195802人，使百姓的负担有所减轻。又如下令削减官作坊织宫廷用锦数，改令织绢供应军队；下令恢复死刑复核制度；释放部分宫女等。

这样，宋真宗就树立起了自己的“仁义天子”的形象。这年九月，宋真宗到北郊“观稼”，沿途的百姓看到皇帝的仪仗，竟自发地欢呼“万岁”，这使宋真宗很得意，他对身边的宰相吕蒙正说：“假如能选将练兵，战胜辽、夏，使边疆百姓同内地百姓一样，过上安定日子，朕的心愿就实现了。”

宋真宗在位前期，有些在国家管理方面的重要举措对后世影响较大。

宋初，沿用前代旧制，设节度使。节度使是一支军队的首领，同时又是属下若干州郡的行政长官。节度使的辖区，事实上就相当于唐代的“道”。不同的是，唐代道的首脑初期是观察使。宋太祖为了消除地方割据的隐患，逐步取消了节度使的行政权力。节度使不再是行政长官，在国家和约300个州郡之间就减少了一个管理层次，而这个管理层次是不能缺少的。由于国家不便直接管理那么多州郡，于是朝廷设置了转运使。它们最初是因筹措、运输军粮而设的，后来就成为总管若干州的职务。宋朝又赋予转动使监督相应各州官员的权力，赋予它某些高于州的行政权力。这样，转运使逐渐成为介于国家和州郡之间的一个管理者（尽管作为一层行政管理单位，它的职权还很不齐备）。转运使所辖区域称为“路”，宋太宗在位时期，路的设置还很不规范，宋真宗即位伊始，首先宣布，把全国分为15个路，从而使“路”作为一级行政管理层次正式确立。当时，四川地区只划为一个路，显然不利于管理，到咸平四年（1001年），又将四川分为四个路。这样，全宋有18个路。这种路的划分较为合理，在宋代长久沿用。

宋真宗在位初期，做出的又一重大决策是颁给官员职田。给官员土地以增加其收入，在我国起源很早。早在先秦时期，就有给官员“圭田”的制度。南北朝的北朝、隋唐时期也有给官员土地的制度。但上述各代，都存在大量国有土地，而宋代的国有土地较少，所以宋代给官员土地就同前代意义有所不同。宋朝颁给职田的范围只是在职地方官，所以它等于是在职地方官的特殊津贴。有人称它是“养廉田”，这是因为当时地方官收入偏低，适当增加其收入可以避免一些官员因生活所迫去干贪赃枉法的事。这样，颁给在职地方官职田是有积极意义的。但是，宋朝官田既少，就造成各地职田或有或无，或肥沃或贫瘠，在职官员的这份津贴很不均衡。另外，有些官员强迫佃户多缴田租，也使“养廉田”变成了“养贪田”。

宋真宗在位初期，在财政方面的两大举措是设置三司使和推广和预买制度。宋初以来，理财机构主要有三个，即盐铁司、度支司和户部司。三司各设使、副使作为长官，于是有盐铁使、度支使、户部使。这样理财的大臣就有上述三位，其分工是：盐铁使管禁榷、商税、矿冶等收入，户部使管田赋，度支使管计划。三者之间时常发生矛盾和摩擦。宋真宗决定设三司使统管盐铁、度支、户部三司，三司各设副使，作为三司使的属下。每司各设数名判官，也作为三司使的下属。这样，财政大权便集中到三司使一人手中。宋真宗又规定，三司使直接对皇帝负责，宰相、枢密使一般不得干预财政事务。这等于皇帝掌握了直接控制财政的权力。

宋真宗在位初期，与辽、夏处于战争状态，财政收支上非常紧张。当时的一些理财官员和地方官（如马元方、李士衡、陈尧叟等）就想出了一个官民两利的办法，即每年春季农民资金短缺时，官方预先付给百姓钱，等夏秋两季百姓用绢或布匹折钱偿还官府。这样，农民及时得到生产资金，官方买到较为廉价的绢、布用以供应军队，可谓各得其所。这个办法得到宋真宗赞赏，很快得到推广，每年春季官方贷放的钱多达数百万贯，相应地夏秋得到百姓缴来的绢、布也数以百万计。人们称此种官民交易方式为“和预买”。这种官民两利的交易后来变质，先是变成隐形赋税，后来变成公开赋税，成为百姓的祸害，不过那是后话了。

集聚图书，编地方志

为了说明宋真宗爱作诗，我们将史书上记载的大中祥符四年（1011年）他在祀汾阴归途中写诗的情况复述如下：在河中府，他游览开元寺、紫极宫、逍遥楼，赋诗赐给随行大臣。随后他举行宴会庆祝大典完成，作了《祀汾阴礼成诗》赐予参加宴会者。他拜谒西岳庙、巨灵真君观后，在宣泽亭设宴，他又即兴作了《仙掌诗》。他召见当地隐士郑隐、李宁，又赋诗赐给他们。归途中渡黄河，他看到河边镇水的铁牛，写了《铁牛诗》。登上霈泽惠民北楼，眺望黄河水滚滚东去，山川苍莽，河上运船工人辛苦劳作，不禁有感，题诗在楼柱。当天下了雨，将军石普请求暂住一日，宋真宗同意，又赐诗给石普。途经洛阳，他看到旧都宫殿壮丽，夜雨初晴，农民忙于耕作，又作《喜雨述怀歌》，让大臣们应和。又因人们讲知河南府（即洛阳）薛映治理有方，很高兴，赋诗一首赐他表示嘉奖。这样，他还没回到京城，已作了至少9首诗。

关于宋真宗写诗，还有这样一段颇有趣的故事。一次天下瑞雪，宋真宗便作了一首《喜雪诗》，其中有一句用错了韵。宰相王旦发现了，就对枢密使王钦若说了这个情况，并且说自己准备给皇上指出。王钦若却说："天子作的诗，哪能用礼部规定的韵来判定是否适当！"王旦听了便打消了报告皇上的念头。王钦若却背着王旦，自己去告诉宋真宗，说他发现皇上的《喜雪诗》有一处韵用错了。宋真宗次日便当着众执政大臣的面表扬王饮若说："朕写的《喜雪诗》有一处用韵用错了，幸亏王钦若发现了，不然，让外人看到了，岂不让朕难堪！"王旦唯唯诺诺不敢说出实情，知枢密院事马知节恰好听到了那天王旦与王钦若关于《喜雪诗》的对话，这时便向宋真宗讲明了事情的真相。宋真宗却只当是笑话，全然没有责备王钦若。这段趣事把宋真宗、王旦、王钦若、马知节四个人的性格特点全都表现了出来。

宋真宗写了诗，很喜欢让别人看，还常常让大臣们应和，其中让资政殿、龙图阁的学士应和的情况尤多，如果是宴会，往往就让所有与会者各应一首。有时还让不在场的人应和，即派人把自己的诗通过驿站递送给某人，让此人将应和的诗再通过驿站递回京城。到他晚年，让龙图阁待制李虚己把臣下应和的诗编辑起来，竟有500卷，被命名为《明良集》。

除了做诗以外，宋真宗也经常写文章，他听说有人批评他"崇奉祥瑞，躬亲细务"，就写了《祥瑞论》《勤政论》《俗吏论》为自己辩解，并反驳批评者。孙奭批评他效法唐明皇，他就写《解疑论》等为自己开脱。每兴建一处宏大建筑，他就要为之撰《记》写《赞》等。他还喜欢为书籍作序，不管是佛经、道经还是其他著作，他都曾为之作序。他认为《青宫要纪》这部书不完备，就在其基础上加以扩充，撰成《承华要略》

10卷，并在每篇加了赞语赐给皇太子。

著书立说是中国文人所向往的，宋真宗似乎在这方面也有较强的愿望。他把他父亲宋太宗的著作令人编成文集，又专门建了龙图阁来收藏，然而他却等不及在自己死后让他的儿子为他编文集、建藏书楼，在自己还活着的时候就迫不及待地令人为他编文集、建藏书楼了。早在1011年，宰相向敏中就看出宋真宗想让自己的著作流传千古的心思，建议令人有意识地收集宋真宗的著作，宋真宗欣然同意，很快就交出自己的一部分文稿让人编类。天禧元年（1017年）龙图阁待制李虚己等献上编辑的宋真宗“御集”120卷。到1020年，宋真宗的“御集”已有722卷。有大臣又提议：要将“御集”雕版印刷，不但官方收藏，还要分散藏于全国各名胜宝地，另外要在宋真宗健在时就建专门的藏书阁，收藏宋真宗的著作。这些建议又一次迎合了宋真宗的心，很快得到批准和实施。新建起的藏书阁就是天章阁。

中国古代的文人多爱饮酒，文人聚会少小，以酒助兴。宋真宗似乎也有这方面的雅兴，他自然没有曹孟德横槊赋诗的豪气，但却也常常召集文臣们一齐喝酒赋诗，由此引出一些颇有意思的故事。

宋真宗常在太清楼举行酒宴。一次，君臣喝酒赋诗闲谈，兴致正高，宋真宗忽然问：“以前总喝宫内酒，朕想换换口味，你们说市上的酒哪家的最好？”有宦官答：“听说南仁和酒店的酒最好。”宋真宗说：“马上叫人去买来。”不一会儿酒买来了，众人都称赞酒好，宋真宗问：“这酒价钱怎样？”接着又问：“爱卿们谁知道唐朝酒的价钱如何？”这一问，把众人都难住了，只有丁谓答道：“唐朝酒每升30文钱。”宋真宗问：

“你有什么根据？”丁谓答：“我记得杜甫诗中说：‘速须相聚饮一斗，恰有三百青铜钱。’这不是一升30文吗？”宋真宗很高兴，说：“杜甫的作品真是诗史啊！”宋真宗对丁谓的印象更好了。

有时宋真宗在宫内举行诗酒宴，一些有文才的官员因品阶低不能参加，宋真宗还在席上派人去找这些人要他们即时赋诗献上助兴。有一次他派人向夏竦索诗，夏竦喜逢迎，就问宦官宴会在哪里举行等，宦官回答说，宴会在拱宸殿举行，眼下正欣赏舞蹈，夏竦挥笔写下《喜迁莺》词：“霞散绮，月沉钩，廉卷未央楼，夜凉河汉截天流，宫阙锁新秋。瑶阶曙，金茎露，凤髓香和云雾。三千珠翠拥宸游，水殿按梁州。”宦官交给宋真宗，宋真宗看了不禁得意起来，夏竦从此受到重视。

大中祥符四年（1011年），宋真宗把丁谓、李宗谔召来赴宴，宋真宗即席赋诗赐给二人，然后亲自劝酒。几巡过后，李宗谔怕酒后失态，坚决推辞不肯再喝。宋真宗让宦官就着李宗谔耳边传话说：“不喝就不喝，在这里不必从大门底下溜走啊。”原来，这“从大门底下溜走”是当时文人间流行的一个笑话：当初寇准做宰相时，喜欢在自家召集翰林学士、知制诰等文官举行酒宴。寇准喝得多了，往往邪劲也就上来了，就把自家大门一锁，强迫与会者通宵畅饮、醉倒方休。李宗谔一次赴宴，被关在里面，他急于回家，就从寇准家的大门底下的空隙爬出，从此成为人们酒宴上的话柄。想不到今天宋真宗也以此向李宗谔开了个玩笑。宋真宗于是对李宗谔说：“听说你治家有方，长幼和睦，家业兴旺，其实朕治国也如同你治家一样，也要使上下和睦、国家兴盛。”宋真宗又说：“爱卿父子二人都做过翰林学士，想必知道翰林院中前贤许多雅事，将来给朕讲讲。”李宗

谔便于次日将早先写的《翰林杂记》献给了宋真宗。

诗酒宴也时常以送别的名义举行。景德四年（1007年），刘综出任北部重镇并州（今山西省太原）知州，宋真宗为他饯别。宋真宗亲自从众人所赋送别诗中选录了八联，分别为晁迥、杨亿、朱巽、李维、孙仅、钱惟演、王贻永、刘筠所作，每人两句。宋真宗说："唐代将相出镇并州，都把众人写给自己的诗令人抄在寺院宫观的墙上，有人将这些作品汇集成书，名《太原事绩》，近年却没听说有这种事。"刘综到了并州以后，把宋真宗选录的诗句刻在石碑上，立在晋祠内。

有人提出，有的大臣参加宴会酒后失态，违犯礼法，请求予以弹劾，宋真宗说："给人家喝酒，喝多了又处罚人家，这不合情理，给大臣们打个招呼就是了。"宋真宗常常召集大臣宴饮，也招致了臣下的批评。有位官居殿中侍御史的薛奎就曾直言不讳地批评说："陛下即位初期很少举行宴会，近年因天下安定，举行宴会的次数明显增多，听说有时还发生大臣喝醉酒的情况。这样下去会损害君臣威信，不利于治理国家。"宋真宗对这种批评表示接受，但饮宴仍旧时时举行，不过稍有节制罢了。

宋真宗爱写诗撰文，也就喜欢书籍。他曾说："朕在东宫做太子时，唯以聚书为急，对有些难得的书必定要多方寻求，得到不少稀见的珍本，最近朕都让人抄了复本几处改藏。"他还说："现在宫中的书中有很多错字都没有订正，宫中立的书目也有毛病，例如《青宫要纪》《继体治民论》本来是同一书的两种名称，现在却被当作两种书录入。"这些话说明他确实比较在行，翻阅过不少书籍。

他在皇宫内建龙图阁，收藏父亲宋太宗的遗著遗墨（即所谓"御集”“御书”）。此楼除收藏宋太宗“御集”“御书”外，按照宋真宗的安排，还收藏有大量其他图书。龙图阁在会庆殿的西边，在皇宫的最南部，阁的上层收藏宋太宗“御集”“御书”，下层有六阁：经典阁收藏儒家经典3762卷，史传阁收藏各代史书821卷，子书阁收藏诸子百家著作10362卷，文集阁收藏近人文集8031卷，天文阁收藏天文、地理等类书籍2564卷，图画阁收藏图画1421轴、卷、册。宋真宗时时到这里翻阅图书，有时还带大臣们一起来。宋真宗曾对大臣们说：“朕退朝闲暇的时候，无所用心，聚集这些图书聊以自娱罢了。”

宋真宗藏书之处，除龙图阁外，还有皇宫中的玉宸殿和后苑的太清楼。太清楼也藏有宋太宗的“御制”“御书”，但收藏更多的是经史子集四部书，共有33725卷。玉宸殿是宋真宗睡觉的地方，正中放有“御床”及帷幕，殿东西摆放图书8000余卷。景德四年数（1007年），宋真宗曾不无夸耀地对大臣们说：“这里只有儒家正宗经典和正史，而且都经人校正错字，小说和其他书一概没有。”后来，这里的藏书增加到11293卷，宋太宗的“御集”“御书”不在数内。

宋真宗对崇文院（即所谓三馆、秘阁）的图书也很关心，他即位后不久，就对原先负责崇文院图书的宦官裴愈感到不满意，选择另一宦官刘崇超代替他。随后，他又让学识渊博的朱昂、杜镐主持整理这些图书，并进行编订，让他信任的宦官刘承珪协助此事。咸平二年（999年），宋真宗下令将崇文院收藏的经史子集四部书各抄写两部，其中一部送龙图阁，一部送太清楼，这使上述两处藏书数量大增。大中祥符八年（1015年），崇文院图书在一场火灾中损失殆尽，宋真宗又下令崇文院取龙图阁、太清楼等处的图书誊录为抄本收藏。他委任枢相王钦若为“都大提举钞写校勘馆阁书籍”，让翰林学士陈彭年做王钦若的副手具体负责此事，为他们专门铸了官印，招募200余名抄手，又选择许多有文才的官员进行校勘等。同时，他又下令向全国征集图书，凡献书者，计值付酬；献书数超过500卷的，另加奖赏，具备条件的，委任官职。这次因献书而得官的，有19人之多。这样，崇文院藏书很快就达到18754卷，接近火灾前的水平。对崇文院图书的增补整理此后持续进行，直到宋真宗去世。许多当时知名文人如晏殊、冯元、晁宗悫等都曾参加此项工作。

宋太宗时期编了《太平御览》《太平广记》《文苑英华》等巨型书，宋真宗则效法其父，组织人编成了《册府元龟》等巨型书。

《册府元龟》的编纂始于景德二年九月（1005年10月），起初书名定为“历代君臣事迹”，宋真宗命令资政殿学士王钦若、知制诰杨亿主持此事，参加者有直秘阁钱惟演等10人。宋真宗让他们先拟定了提纲、篇目，经过他的审定和补充，交诸人具体着手编写。宋真宗还让宦官勾当皇城司刘承珪、监三馆秘阁图书刘崇超监管此事，以便加强同编书者的联系。宋真宗给参加编书者都增加了俸禄，并且允许他们不参加例行的上朝等活动，以便专心编书。

次年五月，宋真宗到崇文院巡视，接见编书者，仔细审阅了此书的门类、次序，提出了修改意见，他还谈了自己热心此事的动机，说：“朕要你们编此书，是想通过罗列史实，为将来的帝王提供借鉴，指明方向，使读此书的人开卷有益。”他还给了编书者丰厚的赏赐。

景德四年四月（1007年4月）的一天，宋真宗对主持编书的王钦若说："朕近来阅读《唐实录》看到唐恭宗常常晚上朝，大臣们在紫辰殿排列等着上朝，等的时间过长，以致有人当场昏倒在地。拾遗刘栖楚苦苦进谏，在大殿上叩头不已，宰相亲自劝他，才退去。唐恭宗受到感动，派宦官慰劳他。作为谏官，刘栖楚能如此尽心竭力，实在应当受到表彰。而当时的史臣因为他是李逢吉一党的，就说他是李氏的鹰犬，很不适当。现在你们编写《君臣事迹》一定要特别注意区别善恶，有前代褒贬不当和此事类似的，应当加以分析论辩，以使世人明了是非。"同年九月，宋真宗又亲自到崇文院检察编书情况。王钦若、杨亿献上草稿，宋真宗从头到尾翻阅一遍，然后对宰相发表议论说："著书是件难事，人们说前代《实录》遗漏就不少。"杨亿说："史书固然应当详备，但更应确切，言之有据。"宋真宗表示赞成，又对编书者施予了赏赐。景德四年十二月（1008年1月）中，宋真宗似乎对此书的某些部分不满意，他写亲笔信给王钦若，重申了编写此书的宗旨：不只是给自己提供施政的参考，更不只是供自己闲时阅读，重要的是要标明是非，垂范后世，使君臣父子都从中获得教益。他规定了几条标准，要求依照此标准定期考核编书官，然后把成绩、失误记录在案，作为奖惩依据。此事具体由刘承珪负责。

宋真宗要给编书官立考核制度，大约与当时编书官之间矛盾有关，据说王钦若每次向宋真宗报告编书情况，凡宋真宗赞赏的，他就说是自己做的或是自己的主意；而宋真宗不满意处，他就把责任推给杨亿等人。众人愤愤不平，竟搞了一场恶作剧：由陈越躺下假装死了的王钦若，石中立假扮王钦若的妻子，在王钦若尸体旁痛哭，众人假装为王钦若吊丧出殡，演出了一场为王钦若送葬的戏。王钦若得知，上奏宋真宗要求严肃处理，此奏被宰相王旦扣压，事情才没闹大。

大中祥符三年五月（1010年6月）间，宋真宗写亲笔信给《君臣事迹》的编写者们，信中说："张杨任大司马，手下人谋反，却原免不予追究，书稿中把此事列入仁爱门，这是很错误的。况且将帅与地方官区别很大，将帅要以暴力对付暴力，对下要有权威，张杨见到部下谋反，当着部下的面哭泣，越发不像将帅应当做的。春秋时期息侯攻伐郑国，大败，有见识的人就评论说，这是因为息侯对有罪者不能惩治所造成的。现在张威对有罪者不施刑，对谋反者不问罪，与息侯没有两样。这段文字必须修改。"

大中祥符六年八月（1013年9月），《新编君臣事迹》正式成书，宋真宗亲自为此书作序，并将书名改为《册府元龟》。此书共1000卷，分31部、1104门，部有总序，门有小序，另附孙奭的"音义"。取材以正史为主，间及经、子，不录小说家言。其中采录唐、五代《实录》内容不少，可补正史之阙，具有相当史料价值。天禧四年（1020年）此书完成刻板，开始印刷发行。

《册府元龟》的编撰从开始到成书，都是在宋真宗的直接关心下进行的。此书的编撰宗旨是宋真宗确定的，在拟定提纲、篇目，以及此后的编写过程中，宋真宗多次提出修改意见。可以说，本书的总序和小序都在一定程度上反映了宋真宗的政治见解。尽管他没有亲自参加撰写，但他在此书编写中所起的作用，比起我们今天的不少主编来，恐怕要大得多。

除主持编《册府元龟》外，宋真宗还令人编撰了其他一些书，其中对后世影响较大的是令人编写地方志。景德四年（1007年），宋真宗朝陵途中经过西京（洛阳），他看到《西京图经》中有许多疏漏，就下令让“诸道州府军监选文学官校正图经，补其阙略来上”，并命令孙仅总负责，孙仅请求要各地统一体例，宋真宗同意，这项工作就铺开了。到大中祥符三年（1010年），翰林学士李宗谔等献上《新修诸道图经》1566卷，宋真宗传令嘉奖，赏赐了参加编撰者。这部由全宋各地汇集而成的大书今天虽已逸失，但有些残卷还有存留。更重要的是，这次修志，给以后的地方志编撰做了很好的铺垫，在我国方志史上是有重要意义的。

宋真宗在阅读天文、地理、阴阳、术数方面的书籍时，发现其中错讹很多，就命令司天少监史序等人编撰一部大书，将上述各种书中的精华分门别类地汇集和编排起来。景德二年（1005年），此书编成，被命名为《乾坤宝典》，计有417卷。宋真宗亲自为此书作了序，交秘阁收藏。大约此书没有刻板，所以未能流传，这是很可惜的。

宋真宗又命令翰林学士宋白编撰《续通典》，咸平四年（1001年），此书编成，计200卷。宋真宗又命陈彭年纂集历代帝王集，大中祥符三年（1010年）编成，计25卷，宋真宗为此书作序，命名它为《宸章集》。宋真宗还令王钦若编集历代后妃事迹，大中祥符八年（1015年）此书撰成，共70卷，宋真宗命名它为《彤管懿范》。宋真宗又命人编撰宋太祖、宋太宗两朝国史，大中祥符九年（1016年）撰成，计120卷。

第五章 内宫风月，外廷纷争

宋真宗晚年，朝中官员分成两派进行着激烈的政治斗争。一派是以寇准为首，有李迪、王曾、杨亿以及宦官周怀政等人；另一派是以刘皇后、丁谓为首，包括曹利用、钱惟演等人。

宫廷内外，权力争夺

寇准画像

寇准一生为人刚直，性情豪放，仕途也多波折，起伏不定，澶渊之盟后受人暗算被贬职。天禧元年（1017年），寇准改任山南东道节度使，当时巡检朱能携同内侍都知周怀政假做天书，宋真宗问王旦该事，王旦说："最初不相信天书的人是寇准，现在天书降下，必须让寇准进献天书。"寇准跟随送上天书，宋真宗于是升寇准任中书侍郎兼吏部尚书、同平章事、景灵宫使。

天禧三年（1019年），在京城南郊祭祀，寇准晋升为尚书右仆射、集贤殿大学士，也就是让寇准升为宰相，但是由于其性格率直，很快于天禧四年（1020年）六月又被降职，主谋是宋代有名的奸臣丁谓。

丁谓自景德二年（1005年）为三司使总揽财政大权，大中祥符五年（1012年）为参知政事，天禧三年（1019年）为枢密使，还任过四年宰相，直到宋真宗去世，是宋真宗时期的一个风云人物。

丁谓（966—1037年），字谓之，后改为公言。苏州长洲（今江苏省吴县）人。少年博学，才华横溢，众所周知。其诗文受到王禹偁的赞赏，被认为是自唐代韩愈、柳宗元之后三百年里无人能与之媲美的。淳化三年（992年）中进士甲科，从此步入仕途，历任大理评事、饶州通判、福建路采访使、峡路转运使、夔州路转运使、三司盐铁副使、知郓州等，政绩卓著。尤其在夔州、郓州任上，更充分展示了他的才华。但是，他后来却成了宋朝有名的大奸臣，这要从宋真宗封祀说起。

自大中祥符初（1008年）以来，他与王钦若、林特、陈彭年、刘承珪，鼓动宋真宗皇帝东封西祀，装神弄鬼；又大兴土木，修建玉清昭应宫、景灵宫等，劳民伤财，不计其数，被称为“五鬼”。那时，丁谓欺上压下、残害他人的行为已有所暴露。据记载，有一次朝廷宴请大臣，召来数名艺人以助酒兴，节目主要是魔术、手技之类，如遮藏、弄碗盏酒注、吞丸、挑珠等。当时场上表演精彩，气氛极为热烈。丁谓对知制诰夏竦说道：“久闻舍人诗名，这弄碗注的事还无人吟咏过，舍人何不口占一首，让我们饱一饱‘耳福’呢？”夏竦听了，淡淡一笑，诗兴大发吟道：“舞拂挑珠复吐丸，遮藏巧便百千般。主公端坐无由见，却被旁人冷眼看。”对于夏竦的讥讽，丁谓虽然气愤，但为了实现他攀登更高职位的野心，只好忍气吞声。但这只是暂时的，他下一步的计划是扳倒宰相寇准。

丁谓是寇准费了很大的力气才提拔起来的。当初宰相李沆不满意丁谓，寇准再三推荐，李沆始终不理会。寇准怒气冲天，当面质问他：“我多次推荐丁谓，你无所表示，你认为是丁谓不能胜任，还是我的话不能信以为真？”李沆道：“丁谓确是有才，但他这种人，你认为能让他位居人上吗？”寇准道：“像丁谓这样的人，相公以为能将他始终压在人下吗？”李沆无可奈何地一笑说：“日后你若后悔，就证明今日我所说的是对了。”

丁谓对寇准感激万分，后升到参知政事，就是副宰相，为正二品的高级官员。寇准秉性豪爽，不注意细节，经常是狂饮乱吃，无拘无束，一醉方休。有一次中书省会餐，饮酒尽兴，有些醉了，将菜汤弄到了胡子上。丁谓坐在他身旁，站起身来笑着说：“相公醉了，竟用胡须喝汤。来，来，来，待下官替你擦干净了。”说着就伸衣袖替他擦拭。寇准口齿已不大伶俐，但还硬撑着，拿着酒杯，推推搡搡将丁谓推到一边说：“谁说我醉了？你，你给我走开。身为参政，是国家重臣，却为长官拂须，像什么话？”这本是在开玩笑，怎奈丁谓人缘很差，众人见他出丑，纷纷捧腹大笑，丁谓深感耻辱，从此怨恨寇准。

另有一武臣曹利用，曾在澶渊会盟时出使契丹，为国家立过大功，后来升为枢密使。宋代的枢密院、中书省分掌大政，号称“两府”，枢密使和宰相都是朝廷要职。但澶渊会盟时，寇准为相，曹利用无非是个通报消息的走卒，论见识、资历都无法与寇准相提并论。寇准对此不以为然，意见不合时，常出言不逊。曹利用心胸狭窄，早已心存怨恨。后来与丁谓一起任枢密使，便狼狈为奸，蓄谋共同对付寇准。另外还有一个翰林院学士钱惟演，他是降王钱俶之子，学识渊博，但品质低劣，是个善阿谀奉承、奴颜媚骨的人。钱惟演的妹妹嫁与章宪皇后刘氏的哥哥刘美后，他便以刘皇后为靠山，在蜀中恣意妄为，强占百姓的盐井。但由于刘皇后庇护，宋真宗并未加以追究。寇准却坚持要把他绳之以法，于是得罪了皇后和钱惟演。

宋真宗晚年，卧病在床，主要由皇后刘氏主持政事。古时颇为忌讳妇人持政。寇准身为宰相，不能不关心国事。天禧四年（1020年）六月，寇准奏请宋真宗说："皇太子颇具威信，望皇上以社稷为重，传位于太子。此外，丁谓阴险狡诈，非辅佐太子之才，应另选忠义之臣辅佐太子。"宋真宗一一应允。第二天，寇准按照与宋真宗的商定找来翰林学士杨亿起草表章。由于事关重大，杨亿极为谨慎，等天黑以后，独自在屋中奋笔疾书，规定任何人不得擅自入内，但还是走漏了风声。丁谓一听到消息，就上奏皇帝，诬陷寇准图谋废旧立新，心怀叵测，恃权横行，其罪难赦。不料宋真宗误听了丁谓之言，于是召知制诰晏殊起草制书。晏殊知是要废寇准，说道："此事应由翰林草麻，非臣分内之事。"宋朝有制度规定："宰相、枢密史及其以上的朝廷要员罢官或封官，需由翰林学士起草白麻制书，称为内制；其他官员则由中书省知制诰起草黄麻制书，称为外制。"皇上于是又召翰林院学士钱惟演，问他照旧例该降寇准为何官。钱惟演无奈，只好说："王钦若罢相，封太子太保。"于是宋真宗降寇准为莱国公，这比王钦若的太子太保优越一级，钱惟演本想趁机夺相位，但并未得逞，朝上于是只剩下参政李迪一人为相。

晏殊害怕由于见过寇准罢相的词头而受责罚，不敢回家，只在翰林院留宿。第二天降麻，寇准罢相，降为莱国公，晏殊非常惊诧，私下里告诉别人说他看到的词头并非如此。人们当然会追问他，原来的是什么内容。他自知失言，连称不知，闭口不谈此事。

七月十七任用李迪为相，冯拯为枢密使同平章事（使相），寇准为太子太傅，依旧为莱国公。起初宋真宗用冯拯为参政，召翰林学士杨亿起草制书。杨亿道："这不是臣分内之事。"宋真宗道："卿职权内是何事？"答："命枢密使、同平章事。"宋真宗点头道："就让他做枢密使同平章事。"枢密使原已有丁谓、曹利用二人，又加冯拯为三人，这是史无前例的。于是丁谓、曹利用都要求解职。宋真宗这才恍然大悟，于是召知制诰晏殊商议办法。晏殊又说道："这不是臣职权以内事。"只好再召学士钱惟演，钱惟演借题发挥，荐丁谓任中书、曹利用为相。于是七月二十一，诏命枢密使、吏部尚书丁谓为宰相（平章事），枢密使检校太尉曹利用加同平章事（使相）。

寇准罢相后，仍留京城，任太子太傅。宋真宗已是风烛残年，一旦圣驾归西，太子即皇帝位，大权仍归寇准。丁谓、曹利用、钱惟演三人为此担忧，于是，处心积虑策划了周怀政一案。

周怀政是个太监，职务是入内副都知，英州团练使。作为太监，即使职务再高，也只能是皇帝身边的一个奴才，宋真宗自大中祥符末年患病，次年愈重，自觉已不久离开人世。一天，与周怀政商议，打算要太子代理朝政，正管理着太子左右春坊事的周怀政听后很是高兴，赶忙与太子太傅寇准一起商议。寇准道："这种事应该先有奏章，等皇帝批复了才能算数。"于是找来学士杨亿起草奏章。谁知走漏了风声，丁谓碍于太子情面，无法加罪于周怀政，只是隔断了周怀政与皇帝的联系。被疏远的周怀政心神不宁，决定诛杀丁谓等人，让寇准做宰相，迫使宋真宗禅位于太子，废掉刘皇后。在和弟弟周怀信、客省使杨崇勋、内殿承制杨怀吉、阁门杨怀义一起商议后，决定本月二十五日起事。想不到头一天晚上，杨崇勋、杨怀吉把这一切告诉了丁谓，丁谓深更半夜乔装打扮，到曹利用家商议对策。天亮以后，曹利用上殿奏明皇后，皇后命卫士将正在殿东庑立班的周怀政拿下，很快就审问清楚了。宋真宗再亲自审问，周怀政无可奈何只一个劲儿磕头，请求饶命，结果被推到城西普安寺中斩首。

不久周怀政与朱能伪造天书的事也真相大白。天禧元年（1017年），寇准因罪贬为山南东道节度使，该道巡抚朱能伙同周怀政假造天书。此前，已经降过三份天书，朝廷都信以为真并擢升了与天书有关的人，于是朱能便假造天书谋求升官。朱能将假天书上报后，宋真宗与王旦商议，王旦道："最初只有寇准对天书持怀疑态度。现在天书出现在他的地盘内，干脆命他奉天书入朝觐见。"寇准为了官复原职，重新执掌朝政，就改变了以前的立场，亲自将天书送到京城。伪造天书是欺君之罪，朝廷立即派人前往逮捕朱能及其他有关人员。几天后，太子太傅寇准被贬相州知州，与寇准关系亲厚者也都罢官削职。起草请太子监国奏章的杨亿与寇准关系最好，丁谓召他来见。杨亿身体本来就不好，经过这一番折腾，更是面无人色，丁谓知其是一介书生，没有害人的本事，也就没治他的罪。

朝廷派人去抓朱能，朱能不甘心被俘，于是率部众抵抗，事败后自绝而亡。丁谓又以此为由，将寇准贬往少数民族聚居区道州（今湖南省道县）任司马。朝廷甚至将寇准所谓的罪行诏告天下，谁知寇准廉官之名早达天下。寇准在上任途中，行李资财被当地一个部落的人抢了去。当这个部落的首领得知这是寇准的东西时，惊说道："他可是一个好宰相啊，我们怎能抢他的东西呢？"于是马上将东西送还。

八月初，寇准再贬知安州（今河北省安陆）。在朝中，原本李迪与寇准关系很好，没有了寇准，丁谓对李迪也就放肆起来。某日，他奏请宋真宗将寇准贬往边远州县。宋真宗批复："与小州。"李迪据理力争，丁谓当面斥责说："你是亲自听皇上说的，莫非想擅改圣旨，庇护寇准吗？"李迪没有争辩，但分歧却越来越大，丁谓除掉寇准这个心腹大患后，又开始动手清除另一个政敌李迪。

宋真宗晚年身体虚弱，记忆力减退，奸臣丁谓利用宋真宗的糊涂，扳倒了寇准，接下来的另一个目标就对准了和寇准交情甚笃的李迪。

天禧四年（1020年）十一月，宋真宗的病情略见好转，在承明殿朝见群臣，说："太子年德渐长，更兼皇后贤明，可以辅佐太子。朕想就此退位，让太子临朝治事，皇后居中辅佐，你们认为怎么样？"群臣欣然从命。然后命学士起草制书，由宋真宗批复后付诸实施。于是群臣加封，满朝欢庆。丁谓并不情愿加封李迪。李迪原为吏部侍郎，兼太子少傅，同平章事。又因为他在中书任职已久，本升迁为中书侍郎，某部尚书，少傅、平章不变。丁谓却只封他为中书侍郎兼左丞，按惯例，从未有两省侍郎兼左右丞之理。李迪一向不满于丁谓专权，经常对同列声言："我本一布衣，今蒙圣恩，升任宰相，甘为国家利益而死，怎能只顾明哲保身而趋附于权贵呢？"他对丁谓的加封甚为不满。恰巧第二天群臣早朝时，丁谓提及了要提拔自己的旧交林特为枢密副史一事，这激怒了李迪。他呵斥道："林特去年升为右丞，今又改为尚书且任东宫官，这些无一合乎规定。人们多持异议，至今心存不满。况且，昨天你上奏，欲以他为太子詹事，尚未批复，又要升迁他为枢密副使，难道你想独断专行，无视天法不成？”二人又吵又闹，最后甚至大打出手。他们不顾他人的劝阻，直闹到天子临朝的长春殿上。这时，正赶上太监抱出来一摞制书，宋真宗指着制书说：“这是你们的加官制书，我已一一批复，你们各有升赏，为何还要吵闹？”李迪道：“我宁愿不接受这一晋升，也要和丁谓辩个清楚。”于是将他如何结党弄权，朝廷内外无不畏惧，人们敢怒而不敢言的事说了一遍。如林特枉杀人命，家属告到京城，由于是丁谓一党，没人敢干预此事；寇准无罪，只是由于得罪了丁谓，被连连贬官；钱惟演本是外戚，按照惯例，外戚不得为执政，只因与丁谓是姻亲，得以为执政大臣枢密副使；并严词指出曹利用、冯拯也是丁谓一党，等等。曹利用向来居功自傲，当即反唇相讥道：“别以为别人都靠结党得官，而唯汝以功得之。论诗歌词赋，我自愧弗如；但在战场上，我也是出生入死，为大宋立过功的。”弄得宋真宗也难分是非，于是喝令他人退下，只留枢密使、副使询问此事从何而起。

宋真宗对二人的行为极为不满，欲治之罪。曹利用、冯拯知道李迪是想和丁谓同归于尽，于是劝道：“宰相下狱，可是件惊天动地的大事，应谨慎从事为好。”在二人一再劝解下，宋真宗决定把丁谓、李迪二人各降一级，免去宰相之职，令丁谓任河南府知府，李迪任郓州知州。丁谓不想离开京城，钱惟演也担心他走了会失去靠山，于是奏请皇上留下丁谓，为免遭皇上疑心，只好说应挽留二人，说是契丹使就要入朝，两个丞相双双被贬，有失大体。不妨再任冯拯为相，以调和二人的矛盾，宋真宗点头称是。第二天，命丁谓、李迪二人官复原职。时刘筠起草的免职制书尚未出来，又要起草复职制书。由于时间紧迫，只命舍人院起草个外制了事。外制尚未颁下，变故又起。丁谓在承明殿见皇上，皇上问起他和李迪争吵的经过，丁谓道："是李迪当众辱骂臣。请把臣仍留朝中，以为皇上效犬马之劳。"丁谓、李迪复职，宋真宗原已批准，对丁谓这话并无异议，点头说："你坐下来说吧。"

丁谓谢恩已毕，一旁侍候的小太监把一张绣墩放在他身边。宋制：皇上赐座宰相坐杌子，其余大臣为绣墩。丁谓、李迪免相，众人皆知，所以小太监才给他搬了一只绣墩。丁谓立刻说道："有圣旨，复为平章事。"于是又得杌子而座。皇上并未加以否认，宫内官员都认为丁谓确实官复原职了。丁谓辞别皇上时，按照礼节，由入内都知张景宗送回中书省。中书省属吏也由此知道了丁谓复职之事。只有丁谓自己明白，他这个宰相名不符实。众人尚不知李迪也已"复职"。丁谓抓住机会，急忙招来学士刘筠为他复相草麻，刘筠执意不肯私自为他草麻。丁谓无计可施，另招学士晏殊，他威逼利诱，迫使晏殊为他草拟了白麻制书。刘筠以为此事事关重大，闻讯候在门外等候晏殊，晏殊自愧行事不公，不敢与之寒暄，灰溜溜地走了。

丁谓既为宰相，是中书省主官，而舍人院是中书省所属机构。宋真宗初命舍人院起草丁谓、李迪同时复职的制书，原本不合程序，丁谓便命舍人院将那制书作废，并以中书省名义催促李迪尽早离京，到郓州赴任。宋真宗神志不清，对这种结局浑然不知。曹利用、冯拯、钱惟演知道宋真宗命李迪复职的人，不会为此事质问宋真宗，而李迪的知交又不知内情，李迪只好悻悻地离京。

造成李迪冤案的，除了狡诈的丁谓利用了宋真宗的病弱之外，还有一个重要原因就是皇后刘氏。宋真宗久病之后，记忆力日渐衰退，很大程度上依赖皇后刘氏裁事。刘氏聪明伶俐，诸事过目不忘，但她对李迪含冤一事却充耳不闻，其中自有缘故。宋真宗患病期间，喜怒无常。一天对朝臣们生气道："宫中所有的人都在刘氏那儿，只剩朕自己在这里，实在是令人气愤。"群官听后，知是他们夫妻间的纠纷，便无答话。只有李迪不识时务，说："国有国法，家有家规，皇上只依法行事就好了，何必为此小事气恼？"此话为屏风后的刘氏听到，从此怀恨在心，如今李迪遭难，正合她意。

丁谓还有一个政敌是王钦若，他比丁谓资格老得多。大中祥符间，王钦若误导宋真宗弄虚作假，祭神祀鬼，伪造天书，丁谓当时功劳不小。所以，王钦若极力提拔丁谓。可丁谓入了两府，便不再理会王钦若。王钦若又是后悔，又是痛恨。王钦若官为太子太保，丁谓虽为宰相，才是太子少师。如今太子将要主政，只论东宫官，丁谓应在王钦若之下。一日宴饮，宋真宗看到王钦若，只觉得十分熟悉。于是问道："这些日子卿为何不到中书来？"王钦若道："臣不是宰相，怎敢到中书？"宋真宗道："这相当容易，朕会派人送你。"并转而对入内都知说："你送他来中书议政。"王钦若心中惊喜。丁谓见状吩咐从人："皇上恩准王公到中书视事，还不快准备酒宴，为王公庆贺。"王钦若以为丁谓肯定会严词反驳，听到他如此安排，便放下心来。宴后，入内都知把王钦若带到中书省，丁谓则说："未降白麻，怎能进中书省视事？还请暂回，等待制书。"王钦若无奈只得回家。入内都知虽将此事报给宋真宗，宋真宗顺口下旨命学士院速速起草制书，这一旨意由入内都知传达给了学士院。可学士们不知如何处理兼官一事，于是派人询问中书。中书的回答是：封王钦若为山南东道节度使同中书门下平章事，判河南、府，而且下了正式文函，加盖有中书省都堂大印。学士起草制书有三种情形：一是皇上当面吩咐，学士记录，请皇上过目后，回到学士院作为草麻的根据，称为面谕；二是皇上写好，函封以后，差内监送入学士院，作为草麻依据，称为词头；三是中书写好，奏请皇上批准后，加盖御宝，也函封后送学士院，称为熟状。现在中书文函，内使口传，都说封王钦若平章事，与熟状相同，学士们便依惯例起草了制书。第二天，宋真宗听说朝罢降麻，是关于封拜王钦若一事，只道是封了平章事，并未详问。可平章事与节度使同平章事大不相同，前者是宰相，后者是使相。王钦若丢了太子太保的位子，还要离京去河南赴任，真是有苦难言。

丁谓在扳倒寇准、李迪、王钦若后，政治上的对手都消除了，从此便无所顾忌。两府官员，多为他的亲信，外朝的事他一人说了算。

天禧五年（1021年）春，翰林学士刘筠暗道：皇上久病，糊里糊涂，奸臣趁机弄权，这样的局面不可再为朝官，便上疏请求外任。丁谓也急切盼望他赶快离朝，遂派他到庐州做知州去了。

乾兴元年（1022年），宋真宗病死于延庆殿中，宋仁宗即位。由于宋仁宗年幼无知，遂由刘太后垂帘听政，监国摄政，此后丁谓在刘太后的庇护下更是独掌朝政。

二月二十九，寇准因与周怀政勾结的罪名，由道州司马被贬为雷州（在今广东省）司户参军；李迪以朋党罪名，由户部侍郎、郓州知州被贬为衡州（今湖南省衡阳）团练副使。王曾对此极为不满，问丁谓：

“是否处分太过了？”丁谓注视着王曾，感到惊诧，没想到他敢公开为寇准、李迪说情，道：“怎么，可怜他们了吗？你这居停主人恐怕也罪责难逃，不知有没有人可怜你？还是少说两句，安分一些好。”“居停主人”就是“房东”的意思，王曾将房子租给寇准，丁谓凭这点就能将王曾当作寇准同党，撤职查办。王曾不敢再多说话。丁谓要知制诰宋绶起草文告，将寇准罪状宣布于天下。宋绶请问寇准罪名，丁谓道：“《春秋》中说的‘无将’，汉法中的‘无道’都很适合。”宋绶暗想：“这怎能挨得上？”又不敢不用，只有将这几个字变换后使用出来。丁谓看了，不高兴地说：“舍人连做文章也不会了吗？”宋绶屈从、求恕，承认自己才学疏浅，请丁谓给予改正。丁谓按自己意思删改一番，其中说：“当丑徒干纪之际，属先皇违豫之初，罹此震惊，遂致沉剧。”意思是寇准等犯法时，正赶上宋真宗生病，受了惊吓，因而一病不起，换句话就是寇准吓死了宋真宗，这岂不是滔天大罪？

丁谓对寇准恨之入骨，希望把他置于死地。贬书刚刚下达，特命中使带剑前往宣读敕书。来到道州时，寇准正与州中官吏宴饮，众起相迎。中使与大家一一行礼，只把寇准一人排除在外。大家见中使马前挂一内装宝剑的锦囊，猜测出是御赐宝剑，前来处决犯官。看来寇准大祸临头，人们不禁担心他会在宣敕以前自杀。这样就正合了丁谓心意。殊不知寇准大义凛然，早已把生死置之度外，这点小事怎能吓倒他。寇准先派人询问中使：“来到道州，有何公干？”中使不予回答，又派人说道：“倘若朝廷赐我寇准自尽，把敕书拿出来，我照办就是。若无敕书，你也不用遮遮掩掩！”中使被迫把贬书取出，寇准看了，见是把他贬为雷州司户参军，是个从九品的小官。不再言语，把贬书恭置于案上。他也没穿官服，无法行礼谢恩，为行礼就穿上从身边一个录事参军那里借的一套绿衫。关中大汉寇准，并不在乎衣服刚到膝盖，向朝案上贬书行礼毕，脱下绿衫，继续与众人一起喝酒，直到天黑才散去。中使在一旁看了，也不禁为之心动。李迪则想不开，面对中使的举动，欲自尽，不过被儿子东之发现，救了下来。中使私下对李迪使坏，不让接见探望他的人，也不转交送来的食物。其实朝廷并不知道这些情况，但李迪不敢反抗。此事激怒了邓余，他是李迪富贵时所养的食客。李迪获罪后，邓余不愿离去，与他全家一起到了郓州。邓余指着中使大骂道："你这小子是想逼死李公讨好丁谓是吧？别人怕死我邓余不怕，你若敢杀李公，我必杀你为李公报仇。"一路护送李迪直到衡州，不离开半步，才使李迪免遭一死。有人对丁谓说道："你如果在贬所中逼死李迪，就不怕天下百姓指责吗？"丁谓哈哈笑道："纵有一两个好事书生记述这件事，也不过说'李迪之死，天下惜之'罢了，有什么可怕？"

古语说："天道无亲，唯向善人。"若把天道理解为自然规律，这句话大概是没错，善有善报，恶有恶报，丁谓的厄运即将来临。

宋真宗于朝兴元年二月去世，丁谓身为宰相，照常规，当了山陵使，即为宋真宗造坟墓的总负责人。此时宫中上下太监都想尽办法，准备在造坟工地上谋一个差事，理由是对先帝的一片忠心，其实是借机捞点儿油水。但唯有雷允恭没有被放出宫，他岂肯罢休，哭求太后道："先帝在时，对我恩重如山，奴才无论如何也报答不了先帝大恩。如今我想为先帝的陵墓尽自己微薄之力，聊表奴才孝心。太后却横竖不允，奴才不知如何冒犯了太后，这样惩罚我，叫我终生不安！”太后笑道：“你也不要说得这么好听，每个人心里都像镜子一样明亮。你不过是想求份在外的差事，别人都有了，难道舍不得给你？那你就想错了。我是觉得你自幼入宫，从未在外边磨炼过。如今官品又高，小差事怕委屈了你，大差事责任太大，一旦出了差错，岂不是害了你？”雷允恭仍然不罢休，刘太后无奈，让他与另一个内监张景宗共同“管勾山陵一行事”，即做修山陵的宫中全权代表，又派遣两个人协助他。哪知他与丁谓一起专横跋扈惯了，根本不把张景宗放在眼里。本年三月，司天监官员邢中和对雷允恭说道：“若能将墓穴位置向北迁移一百步，风水更好，今后一定会子孙兴旺。”雷允恭道：“那好呀，为什么不迁？”邢中和道：“担心地下多石，水位也浅。”雷允恭道：“任何事都有大小、轻重之分。如今先帝只有一子，人丁不很兴旺，相比之下，有石有水算什么。”邢中和道：“先帝陵寝是件大事，规定七月完工，半天也耽搁不得。若要迁移，势必重新勘察、验证、报批等，麻烦得很，若耽误工期，罪过就大了。”雷允恭道：“这没关系，你只管迁移就是了，我备快马入宫去见皇太后，皇太后保管一百个欢喜。只要她老人家说句话，不就没事了？”他既这么说，其他任何人不敢阻拦，墓穴位置就这样改变了。雷允恭对太后说知此事，太后道：“这是件大事，怎能轻易改变呢？”雷允恭道：“只要能使皇上多子多孙，这不算什么？”太后不大同意，又不肯亲自出面干涉，说道：“去与山陵使商议一下，看他怎么说？”雷允恭找到丁谓商量此事，丁谓碍于情面，觉得二人常在一起共事，故想送个顺水人情，表示由雷允恭自己决定。这正合了雷允恭的心意，雷允恭急于成就此事，就擅自报告太后说：“山陵使同意

了。”太后自然无话可说。

哪知新墓穴施工后，果然地下大石垒垒，难以开凿。日夜施工，待凿穿大石，石下又出了水。时间已到了五月下旬，工程进展很慢。大家私下里议论纷纷，很不高兴，但出于对丁谓、雷允恭强大势力的害怕，不敢公开说出来。时步军副都指挥使、威塞军节度使夏守恩任修奉山陵部署，是施工的直接领导人。五月二十三，他怕不能按期完工，责任不小，把工程情况如实上奏了朝廷，要求改变墓穴位置，否则难以完工。若是这样，雷允恭难脱干系。丁谓为了替雷允恭掩饰，主张将就着干下去，不必把实情报告皇上和太后。二十五日，一个在工地当差的小太监内供奉官毛昌达回宫办事，皇太后问起工程情况，毛昌达如实说了一遍。皇太后大惊，派人询问丁谓。丁谓感到事情暴露了，不敢再包庇雷允恭，便提出派蓝继宗为按行使，王承勋为副使，前往工地调查，再作定夺。二十七日，太后加派内侍押班杨怀玉与蓝继宗、王承勋一起调查，丁谓的人事安排在皇太后那里已失去信任。第二天，又派出入内供奉官罗崇勋、右侍禁阁门祗侯李维新就山陵所在地巩县核实雷允恭罪状，上报朝廷，听候处理。雷允恭想带着施工图纸亲自见太后分辩，太后不许。六月初三，增派内殿承制马仁俊一同审讯。

丁谓见案情日渐严重，为使雷允恭免于大罪，千方百计找人前来勘探，对现墓的使用抱一线希望。于是命朝中大臣龙图阁直学士，权知开封府吕夷简，龙图阁直学士兼侍讲鲁宗道等人察看，又请参政王曾前来察看。没想到，众人一致认为，墓穴应当另改，于是雷允恭擅移皇陵的罪名也就成立了。雷允恭的其他罪恶也相继被揭发出来，如盗库金三千一百一十两，银四千六百三十两，锦帛一千八百匹，珠四万三千六百颗，玉五十六两；还有原定用于陪葬的物品：犀带一条、药金七十两，又有皇帝命取来赏赐辅臣的玉带，他从中吞下三条，等等。这样一来，由于他玩弄权术，而将国家东西看成自己的东西而受到惩处。

雷允恭虽然倒台了，但丁谓仍没受触动，不过，他得罪了皇太后，即使这件事没太牵涉他，皇太后也饶不过他。曾有两件事，令皇太后不满：一件是宋仁宗即位时，才十三岁，太后想让他多睡一会儿，就独自临朝。一天，皇太后将这种想法告诉诸大臣，恰巧丁谓有事回家，大臣们不敢对此表态，便请丁谓回来拿主意。丁谓说："此事不能这样，皇帝虽小，但他还在，皇太后可代他处理政务，不能代替皇帝独自临朝。如果这样，性质就变了，恐怕后患无穷。"这使皇太后大不高兴。另一件事是丁谓曾与大臣议定：宫廷内的花费应有个标准，逐月由国库支付。对此太后也很反感，心道："你在外廷大权独揽，我看在先帝分上，不找你的晦气。你却处处与我过不去，真是可恶！"太后玩弄权术的高明不亚于丁谓，故对此事没急于表态。

参政王曾与丁谓早就产生了矛盾。他认为仅凭雷允恭一事，太后还难以定丁谓的罪。再加上他的爪牙从一旁帮腔，若公开反对丁谓说不定还会引火烧身。他认为，应该单独奏明太后，促使太后答应调查丁谓。丁谓对此防范很严，倘若知道有人单独入宫告他的御状，只怕不等皇上降旨，丁谓就把这人搞倒了。王曾绞尽脑汁，想了个主意：空闲时与丁谓聊天，故意装作为难的样子，几次欲言又止，吞吞吐吐。丁谓道："公有何事，这样为难？"再三询问，王曾才嗫嚅道："幼弟王子融最近被派往外地做官，老母十分疼爱他，放心不下，茶饭不思。为此事我很着急，又毫无办法。”丁谓心中暗笑：这个书呆子，做了参政，这点事还能难倒他？丁谓与王曾不和，他恨不得看王曾的笑话，于是说：“这有何难，明日早朝后，你对太后说一说。妇人爱幼子，太后是能体谅的。只要说句话，其余的事你就不要问了，一切由我代劳就是。”王曾再三谢了。丁谓心中想：“亲弟不愿到外地做官，说什么‘老母挂念’，做官的谁个没有父母？哪家父母愿意让儿子远行？难道外官就不派了吗？让他到太后那里碰钉子去吧！”想到这心里暗暗高兴。

第二天早朝以后，众官拜朝后退下，唯有王曾要求留下与太后面谈。丁谓离去时对王曾说：“大胆对太后说。”王曾表示非常感激，等众官退尽，王曾这才奏道：“丁谓包藏祸心，指使雷允恭将皇堂（指宋真宗墓穴）移到绝地，意在破坏皇家风水，倾覆社稷，实是大逆不道，请治其罪。”太后大惊，心中却是大喜，表示一定严办。

过了几天，丁谓不见王曾弟王之融改官的批示，心想一定被太后批了一顿，没有答应。丁谓想看王曾的笑话，所以询问太后身边的内侍皇太后对他说了什么，内侍告诉丁谓，王曾告了他的状。第二天早朝罢，丁谓便也要求留下来向太后辩解。当官吏纷纷退下后，丁谓仍跪在地上，向皇太后说明情况。当一个宫女问他：“丁大人在对谁说话呢？”他才从宫女拉起的帘子下看到太后、皇上早就退去了。此时，丁谓哑口无言，叩头之后，急忙离去。

六月二十五，辅臣在资善堂聚宴，商议事情，唯有丁谓没有被召参加。丁谓认为自己是大难临头了，便东奔西走，为自己求饶。钱惟演道：

“丁公只管放心，我们一定为你尽力，不会有大事的。”冯拯在一旁直给钱惟演使眼色，钱惟演立即变了脸色，嘴上也改了口，敷衍几句，就把丁谓打发走了。钱惟演、冯拯都是丁谓的死党。可是这些朋友，哪一个是靠得住的？后来在承明殿朝见太后，太后对冯拯等人道：“丁谓身为宰相而与雷允恭交通，该当何罪？”然后向大臣们指出了丁谓托雷允恭命宫中巧匠打造的金酒器，以及雷允恭求丁谓授给他三司衙司等官的状头，最后又说：“以前丁谓让雷允恭到宫中奏事，每一件都说是与众爱卿商量好的，便都按他的意思批了，近日才知他从中作梗。为先帝修陵墓，这样大的事，作为人臣应竭尽全力，他却敢伙同雷允恭擅自改易，几乎误了大事。”冯拯马上附和道：“自先帝去世，政事都是丁谓与雷允恭商议妥后，告诉我们是奉了圣旨的。我们也不知是真是假，只好照办。如今幸好他的奸谋败露，真是上天有眼，国家和社会的福气。”显而易见，这是为自己推卸责任。大臣们众说纷纭，丁谓的罪过越说越多。正如古人说的：“纣虽不善，非如是之恶也。”

太后越听越气，决定为民除害。对此大臣却不同意，太祖有不杀大臣的定制，这关系到每个人的切身利益，开了这个头，那还了得！冯拯当即奏道：“丁谓虽然罪过很大，但是作为刚刚即位的皇帝，杀了大臣会失民心的，况且，山陵之事，丁谓只是包庇雷允恭罢了，并不能治他逆反之罪。”太后的满腹气愤才稍平和了一些，命冯拯等就在一旁商议该给他什么样的处分。任中正主张：丁谓是先朝旧臣，应按法律中的“八议”条目定罪。王曾道：“丁谓不忠，得罪于先帝和宗庙，已入了‘十恶’之内，还有什么‘八议’可讲。”最后决定：免去宰相职，以太子少保分司西京，赶到洛阳了。按规定：宰相罢官，应该由翰林学士起草，由于太后不愿再见到他，为了尽早执行，召当天值班的中书舍人，草写了一张贬官告示贴在堂上，就算生效了。然后再布告天下，补办手续。

丁谓离开京都，七月，丁谓的儿子、党羽也被贬官后赶出京城。然后有关的人亦被逮捕审讯，把以前假造符瑞、装神弄鬼、贪污受贿的事一件件弄清了，连家庭中的丑事也揭了出来。于是他的官职被一贬再贬，最后贬为崖州（今海南省崖县）司户参军。接下去就是要把他的罪状布告天下了，起草文告的仍然是宋绶。

丁谓被贬官离京到崖州，崖州在海南岛的南端，是最边远的地方了。丁谓一路上感到非常凄凉，痛不欲生。

这一日入了湖南境，在鼎州以北官道旁有一座甘泉寺，依山枕水，景色优美。押送丁谓的人在此歇息喝茶，丁谓喝了几口后开始想浏览殿上的礼佛，想到自己今日处境的悲惨，思绪万千。命随从取来笔墨，在壁上留下一首诗，末尾题上“丁谓之”三字。顺便浏览下去，忽见对面墙上几行刚劲有力的字，没看内容，先看押字，赫然是“寇平仲”三字，原来是寇准所题。寇准是前年八月被贬道州，到如今才两年，自己就落得如此下场。心中无比难受，再也无心浏览，吩咐立刻上路。宋仁宗时，殿中丞范讽曾到此地任官，见到丁谓、寇准二人的题壁，联想起了二人争斗的情景，心中自觉好笑，便也题诗一首道：“平仲酌泉方顿辔，谓之礼佛继南行。层峦下瞰岚烟路，转使高僧薄宠荣。”

丁谓等人不久路经雷州，正在寻找旅店时，有人拦住马，拱手说道：“大人可是从京都来的吗？”丁谓抱拳还礼道：“正是。”那人冷笑道：

“那么必是大名鼎鼎的当朝宰相丁谓之大人了。”

丁谓面红耳赤，见那人向身后一摆手，路旁二人抬过一个朱漆食盒，那人打开来，捧出一只蒸羊，说道：“我家老爷没想到丁大人能到这里，时间紧迫，没什么用以敬奉的，只准备蒸羊一只，请笑纳。”丁谓道：“你家老爷姓甚名谁？”那人道：“另有书信一封，阅毕自知。”丁谓命随从将蒸羊接过，打开书信，见其中写道：“谓之台鉴：京都一别，忽已再秋。不意于此边徼之地重逢，且惊且喜。正欲扫榻相迎，不意身边从官粗使十数人，闻公过境，揎拳捋袖，欲效那博浪一击、桥下惊驷故事。仆以会宴为名，已拘之宅第矣。然今日之后，夫复如何？特兹奉告，早为之计。另备蒸羊一口，乞望哂纳是幸。寇平仲拜首，年月。”丁谓读完，吩咐随从道：“今夜不在这里歇息，再往前行！”送羊的三人站在远处，嘟嘟囔囔，丁谓不敢有所表示，急忙上路了。

丁谓在崖州一直住了三年，才迁到雷州，五年后又迁道州。明道二年（1033年）三月，因皇太后刘氏病危，宋仁宗为太后祈福，大赦天下，允许他以秘书监资格退休，在光州（今河南省潢川）居住，直至死去。自乾兴元年（1022年）起被放逐了十五年，其处境险恶，困难重重。但他一直很乐观，在崖州时作诗说“且作白衣菩萨观，海边孤绝宝陀山”。竟把崖州比作宝陀山，自比于白衣菩萨，心境的旷达由此可见一斑。这期间丁谓写了大量诗文，如《青衿集》《天香传》等。

垂帘听政，后宫风月

宋真宗先后有三位皇后，第一位妻子潘氏是名将潘美第八个女儿，在宋真宗即位之前就去世了，后追封为皇后。郭氏是宋真宗第二任妻子，宋真宗即位后封为皇后，景德三年（1006）去世。宋真宗第三位皇后，就是著名的刘皇后。宋真宗去世之后，刘皇后垂帘听政，把持朝政达十余年之久。作为宋代八位摄政皇后之第一人，这位对北宋政局产生过重要影响的皇后，一生颇具传奇色彩。

刘皇后先祖是太原人，后来迁到益州（今四川省成都）华阳县，因称华阳人。祖刘延庆在五代时官至右骁卫大将军，父刘通官至虎捷都指挥使，嘉州刺史，宋初曾随潘美征广南刘鋹，宋太宗太平兴国年间伐北汉，死在路上。刘皇后是他的第二个女儿，刘通死时她才9岁，母亲庞氏死于父亲之前，刘皇后无依无靠，实在生存不下去了，只好投奔外家。外家生活困苦，无法接济，将她嫁于当地的银匠龚美做童养媳。那时蜀中战后不久，民生凋敝，为了谋生，龚美将未圆房的媳妇带到了远隔千山万水的京城，想在京城实现自己发财的愿望，结果由于他是外乡人，人生地不熟的，生意不景气，在龚美贫困潦倒、难以为继的情况下，张耆为讨好当时的襄王，派人将她买了过来。

张耆在襄王宫里做事，襄王名德昌，就是后来的宋真宗皇帝。有一天，襄王对身边幕僚说："听说蜀中妇人聪明美艳，不知是真是假？"左右讨好道："王爷在后宫里选上几名不就知道了？"襄王讪笑道："蜀中离京千里，谈何容易！能得一人，我也就心满意足了。"张耆恰在一旁，道："京城繁华，八方人物，辐辏而至。蜀中女子，京城还怕少了？怎用得着远到西蜀选取。"襄王听到此话万分高兴，立刻差使张耆完成此事，经调查，张耆得知龚美家中有一年轻貌美、知书达理、聪明伶俐、楚楚动人，又擅长演奏鼗鼓的妙龄少女，真是欣喜若狂。只是不知性情如何，不敢冒昧说是为襄王娶妻，只说是自己买妾，龚美正穷得无计可施，见张耆舍得花大价钱，于是一拍即合。龚美答应之后，张耆择日差顶轿子将刘氏抬到府中，派人教她宫中礼节、歌舞弹唱等，并从一旁观察她的性情人品，才发觉她很讨人喜欢。刘氏在张耆家中生活舒适、安逸，经一年多的调教，更加美貌惊人，文雅超凡，正如《诗经》说的"手如柔荑，肤如凝脂""齿如瓠犀、螓首蛾眉"，尤其是言行举止适度得体，落落大方，顾盼生姿。张耆向襄王说了，襄王一见，果然欢喜。这时刘氏才15岁，由于得襄王宠爱，免不了遭人妒忌，一些流言蜚语传到了襄王的乳母秦国夫人的耳中，她很生气，便奏明太宗，说刘氏为民间女子，出身低贱，不是襄王佳配。太宗命襄王把刘氏赶出宫去。襄王不得已，只好忍痛割爱，刘氏已无亲属，张耆又奉命重新将刘氏接回家中。张耆知道刘氏得襄王专宠，怕惹嫌疑，从此留在衙门里，不敢回家。襄王得知后，给他白银五百两，另买一处宅院安顿刘氏。直到太宗死后，襄王即了位，才又把她接回宫中。

景德元年（1004年）正月十日，封刘氏为妃子。大中祥符二年（1009

年）正月，封为修仪，不久晋封为德妃。

当时，章穆皇后郭氏已死，六宫无主。宋真宗想立刘德妃为后，向大臣征求意见，大臣多数不同意，翰林学士李迪屡次上疏表示此做法行不通，说刘氏出身低贱，不能胜任皇后的重任，但刘氏做事干练，懂得历史，记忆力惊人，朝廷大小事务无一疏漏。因此，宋真宗皇帝每次出宫巡访时，都以遇事有个商量为由带她出宫。刘氏也全身心投入，戒骄戒躁，穿戴朴素，看上去与普通宫女一样，更赢得宋真宗的宠幸。

刘氏不仅温柔美丽，且生性机敏，通晓书史，对国家大事也颇具见识。宋真宗批阅文件，刘氏常陪伴左右。凡有疑难，刘氏总能提供恰当的建议，深得宋真宗信任。在郭皇后去世之后，宋真宗有意立刘氏为后，但他也知道刘氏的出身是最大的障碍。

宋真宗拿不定主意，就找参知政事赵安仁商量。正因刘氏出身卑微，赵安仁反对立她为后。宋真宗听了很不高兴。第二天又找王钦若商量，并把赵安仁的意见告诉了他。王钦若对宋真宗说："陛下不如问问赵安仁，他认为应该立谁为皇后。"改天，宋真宗问赵安仁该立何人为皇后，赵安仁建议："德妃沈氏是前朝宰相沈义伦的后人，可以做皇后。"宋真宗次日跟王钦若说明了赵安仁的意见，王钦若说："陛下不说，我也知道他会这样说，赵安仁过去曾经做过沈义伦的门客！"宋真宗觉得赵安仁徇私，就罢免了他的官，下决心立刘氏为后。但刘氏为人处世颇为谨慎。当宋真宗决定立她为后时，宰相王旦忽然请病假，刘氏担心王旦持反对意见，就劝说宋真宗推迟此事。后来王旦上疏表示同意立刘氏为后，这件事情才最终确定下来。

大中祥符五年十二月二十四日，刘氏被册立为皇后。刘氏由银匠之妻成为一国的皇后，绝非单单因为美貌。此时的刘氏已经40多岁，早已过了花样年华，吸引宋真宗的是她的智慧和能力。精明能干的刘氏把后宫事务处理得井井有条，同时在朝政方面能给宋真宗以帮助。宋真宗十分信任这个陪伴他多年的枕边人，甚至有一点依赖她。当宋真宗的身体状况日趋恶化时，刘氏便顺理成章地帮丈夫处理朝廷日常政务，裁定军国大事。另外，刘氏的前夫龚美将自己的妻子让给宋真宗之后，也留在宋真宗身边为其效力。宋真宗即位后，龚美改姓刘，与刘氏以兄妹相称。由于刘氏的关系，刘美升得很快，逐渐掌握了京城军权，成为刘氏最为得力的助手之一。宋真宗统治晚期，刘氏权力越来越大，成为实际上的统治者，其一举一动，对当时的政局，尤其是寇准、丁谓两派之间的斗争，产生了决定性的影响。

刘氏虽受宋真宗宠爱，但自己却没有生下一儿半女。正巧，宋真宗看上了刘氏宫里的一个侍女李氏，受到宋真宗宠幸的李氏于大中祥符三年（1010年）产下一子（赵受益，也就是后来的宋仁宗）。当时刘氏还没有被封为皇后，年近四旬的刘氏可能认识到自己不会再有孩子，便接受了李氏的这个孩子，由她和另外一个嫔妃杨氏共同抚养，严禁宫人向孩子说明真相。宋真宗很宠爱刘氏，默许她抱养李氏之子。拥有子嗣，对刘氏能册立为皇后，以及宋真宗死后顺利垂帘听政具有重要的意义。聪明的刘氏十分明白儿子对她的重要性，不管是出于真心，还是假意，刘氏还真是充当了一个合格母亲的角色，细心地抚育赵受益，母子感情十分融洽。这位皇子从小就叫刘氏大娘娘，叫杨氏小娘娘，一直认为刘氏就是自己的亲生母亲，直到刘氏去世后，才知道真相。

宋真宗先后有5个儿子，但都陆续夭折。赵受益的降生，是宋真宗中年得子，自然喜出望外，从小就十分疼爱他。等到赵受益年纪稍大一点，宋真宗就细心为他挑选老师，关注他的学业，培养他成为自己的接班人。天禧二年（1018年）中秋节，宋真宗正式下诏册立赵受益为皇太子，改名为赵祯。

太子初立时仅7岁，皇后独揽大权。随着太子长大成人，太子之事使皇后与太子和大臣间的矛盾日益激化。天禧四年六月，右仆射、中书侍郎平章事寇准兼任了太子太傅，便奏请宋真宗皇帝传位于太子，又在蜀中对为所欲为的皇后娘家人依法严惩。此时刘皇后已认了带她入京的龚美为兄长，朝廷赐龚美姓刘；翰林学士钱惟演（吴越王钱氏的后裔）将妹子嫁给刘美，以世胄旧族与这个新发迹的银匠国舅结了亲。钱惟演便秉承皇后意旨与奸臣丁谓勾结，与寇准为敌，最后将寇准罢相。另一个宰相李迪也曾劝宋真宗依法治刘皇后罪，丁谓、钱惟演又联合挤掉李迪，由丁谓做了独掌朝纲的宰相。但是皇后与大臣的矛盾是由他（她）们的相互地位决定的，尽管丁谓与皇后以前关系很好，一旦执掌朝政，仍难以与皇后和睦相处，后来也倒台了。

天禧四年闰十二月，宋真宗病危，众官寄希望于太子，而实际却恰恰相反，皇后一人独揽政权，太子是她干预内政的最大障碍，她曾动过唐朝武则天杀子的念头，大臣们焦急万分。王曾开导钱惟演说："太子年幼，若无中宫皇后的保护，难得安全；而中宫皇后离了皇太子，又不会赢得民心，也难得安全。所以太子安全就是刘氏安全，安刘氏就要先安太子。"

钱惟演把这番话传达给皇后，太子才免去灾难，皇后与太子的关系才得以维系。但刘后很聪明，除了博得宋真宗的欢心以外，深知控制太子的重要性，因此，皇后对太子严加看管，所有事情，一举一动，皇后都要亲自过问，将太子束缚自己身边，寸步不离，对太子身边的人更是百般挑剔。

乾兴元年（1022）二月，宋真宗病情急剧恶化。弥留之际，宋真宗放心不下年幼的太子，丁谓等人向宋真宗保证将全力辅佐太子，宋真宗这才稍稍安心。二十日，宋真宗死于延庆殿，享年55岁。太子赵祯即位。遗诏规定：尊刘皇后为皇太后，在宋仁宗成年之前代为处理军国大事。宋真宗时代结束之后，开始了长达12年的刘太后垂帘听政时代。

宋明道二年（1033年），刘皇后即章献明肃皇后撒手人寰，从而结束了其垂帘听政12年的历史，宋仁宗也第一次开始单独处理朝政。

新君即位，朝中一时骚乱，宰相丁谓与参政王曾各执一端，吵吵闹闹，相持不下。刘皇后仍然不慌不忙，采取她的惯用伎俩：一是利用大臣间的矛盾，坐山观虎斗；二是对新皇帝寸步不离。既然皇太后暂时总揽军国大事，朝臣都得征求她的意见：在哪一座宫殿办公？答说：“新皇处理事务，我应寸步不离，新皇帝在哪里我就在哪里好了。”两府商定皇太后听政的具体做法，王曾引用东汉的例子，请求每隔五天，在承明殿朝见群臣一次，到时皇帝、太后分左右落座，垂帘与群臣商议政务。既有先例，刘太后不得不屈从了。时间不长，丁谓为独霸朝政又提出新方案，建议每月初一、十五两天，皇帝会见群臣。平时有大事则由皇帝、太后共同召见辅佐大臣商议。一般事务则由朝廷处理以后，通过太监雷允恭转奏宫中批复。王曾坚决反对，认为将太后与皇帝分开主事，而由太监来回传达，有违常理。

丁谓的建议减少了太后和大臣直接接触的机会，大臣也就不明白宫中的决策是皇帝的还是太后的主意。因此，对太后更为有利。这样一来，即使是宰相的奏请，她也完全可以不顾。无论什么事，只要稍有不当，就拿宰相是问。

太后掌权后，首要之事是尊崇外家。宋真宗在位时，她曾不徇私情，多次阻止封赏刘美，现在已不用这样。但刘氏宗族已无人可封，她便封宋仁宗乳母林氏为南唐郡夫人。林氏原是刘美家仆妇，被太后选中照料宋仁宗，也算是太后娘家人，之后，又提拔刘美的女婿马季良为馆职。马季良出身于茶商家庭，家境贫寒，要被提升为馆职，即是清望官，天子侍从，非科第出身的人不授，因此先命马季良补试，改变其出身之后再就职，结果通过了一场弄虚作假的考试后，将马季良提升。

八月，太后答应了群臣请求，恢复五日一朝群臣的制度。开始太后不答应，但因丁谓垮台了，外朝的强大外援失去了，出于无奈，她也就这样做了。

冯拯继做宰相后，将钱惟演放为外官。钱惟演是刘氏亲戚，与丁谓同流合污，作恶多端，眼见丁谓势力日趋削弱，他又反过来排挤丁谓。冯拯对此举深恶痛绝，上表说："钱惟演是太后姻亲，按祖宗制度外家不得干预朝政，请求将他放为外官。"钱惟演之妹也就是太后寡嫂向太后哭诉说："朝中大臣你只有这一个亲人了，他们又要把他赶出京去，那是对着你来的呀！你怎能不管？"太后苦笑道："虽是如此，祖宗定下来的规矩，怎能不依？"次日则降旨，以枢密使钱惟演为保大军节度使，河阳知府。朝中群臣大喜，太后心中却十分难过，明知这样做对自己十分不利，有失自尊，但是，却也无可奈何。她心中盼望着自己能像武则天那样有李义府或许教宗为左膀右臂，但暗自叹息自己身边只有一个忘恩负义的丁谓，多么希望能找一个自己贴心的，能干的人啊！

天圣元年（1023年）八月，钱惟演入京朝见皇帝，借机拉关系，盼望能任宰相。他原是枢密使，做了一任外官，循例升一级做了平章事，若仍外官，是为使相，留任朝中，便成了宰相。太后希望他留下，监察御史鞠咏闻讯上奏，极力奏说钱惟演的罪恶。太后将奏章拿给钱惟演看，让他自己处理。钱惟演竟束手无策。鞠咏又在朝中放风，若用钱惟演为宰相，他必在朝堂上当众将任命的白麻撕掉。钱惟演听到这个消息，仓皇而逃。

太后深知钱惟演才疏学浅，不能随机应变，无奈只得计划起用王钦若。王钦若是宋真宗时期有名的奸相，他机智敏捷，因与丁谓不和，被贬出京外，以刑部尚书的身份任江宁（今江苏省南京）知府。太后罢斥丁谓后就想找一个能够支持她执政的心腹，但是她一向行事稳妥，就决定先等待时机。有一天，宋仁宗练习飞白书。飞白书是一种字体，相传是东汉蔡邕见到工匠用白粉刷墙发明的，写来字画中丝丝露白，因称飞白书。宋太宗、宋真宗都喜欢这种书法，因此宋仁宗也把它当作家学来勤加习练。正练到兴致浓时，适巧有王钦若的一本奏章送到，宋仁宗并未加以理会，只是偶然间注意封面上的署名“王钦若”，就顺手将它抄写下来。太后一见是个难得的机会，就把宋仁宗写下的三个字藏于汤药盒中，严加保管，唯恐泄露。接着派心腹送给王钦若，并下令召他入京。

王钦若千里迢迢赶往京城，外人无一知晓。直到进了京都城门，守城军士才传报说王钦若求见。

宋制：严禁京外的官员擅自进京。但是，官员重新安排职务后，需先面见皇上，称为陛辞。所以为了能让王钦若合法进京，太后急传圣旨，欲调王钦若为润州（今江苏省镇江）知州。而且太后已经料定，以王钦若以前的所作所为，若是升职，说不定会有人反对；降职，大臣们肯定不会有反对意见，所以就调他任一个比江宁知府小一级的官。待他入京以后，又忽然传旨，称现任宰相冯拯多病，降为知河南府（今河南省洛阳），任用王钦若为平章事（宰相）。

新宰相上任，果然身手不凡。太后出身贫贱，少时曾经路过玉泉山景德院（寺院），一老僧深谙相术，预言她日后必为显贵，还赠银资助。后来做了皇后，也从不肆意张扬。直到宋真宗死，新皇帝年幼，她以太后身份垂帘听政，才有了夺权的野心。她特派内侍赏景德院白金三千两，希望院僧在附近置买田产，以供奉寺院香火。但宋朝旧制，禁止寺观私买田产，只凭内侍的一句话，院僧如何敢违了法令？这笔银钱竟是不敢接受。本路转运使闻讯也向朝廷上疏说：“祖宗旧制，寺观不许买田侵农。”宋仁宗说是太后的意旨，不便违抗，同时，太后让景德寺购置田地也是为先帝造福，不可以凭以往的法令来禁止。因此只以“下不为例”为托词批准此事，王钦若根本不反对。此后后妃、公主、诸王大臣都舍田寺中，以为后世祈福，人们称之为福田和功德田，到后来发展成了宋朝体制的一大弊端。宋徽宗宣和七年（1125年）不得不下令，规定每寺在京都者不得超过五十顷，在外郡者不得超过三十顷，以此来限制寺院土地的扩张。这就是王钦若的“德政”。

太后自此以后，大修寺院，先派罗崇勋主持，重修景德寺。相面的老僧后来升为长芦寺住持，太后感激昔日相助之恩，派人前去询问，若有所需，尽请直言。老僧道：“出家人无欲无求，只是景德寺无僧堂，长芦寺无山门，希望太后好好考虑考虑。”修僧堂还没什么，但修山门的难度确实相当大。这长芦寺临江而建，山门建在水中，屡遭水的侵蚀而坏，最后只得先化铁水数万斤为地基才建好了。此后，又为宋真宗建资圣浮屠（塔），由内侍张怀信主持，由于督役严峻，各州领工的将领都称病不到。直到明道二年（1033年），太后死，这股兴修寺观之风才逐渐削减下来。宋真宗时崇道教，太后掌权后就大兴佛寺，这与唐朝时唐高宗崇道教、武则天兴佛法的情形类似。

刘太后参政，处处效法武则天。王钦若任相不满一年就病死了，刘太后又处于一班“直臣”的包围及监控之下。她曾问参知政事鲁宗道，武则天此人如何？得到的回答是：“是唐时罪人，几乎败坏了唐的社稷。”太后口中不语，但心知肚明，若想夺权，并非易事。曾有一个叫方仲弓的官员，上疏太后，请立刘氏七庙。宋制规定，只有天子才有权力立七庙。太后向臣下征求意见，大臣们畏惧太后权势，无人敢言。最后，鲁宗道冒死进谏：“国无二主，若天后立庙，天子该怎么处置？”太后只好放弃。还有一次，太后与天子欲往慈孝寺降香，太后执意乘辇先行，鲁宗道又出面劝阻说：“妇人有三从四德，‘夫死从子’这是大道理，太后应该尊重天子，让天子车驾先行。”太后身边的人称鲁宗道为“鱼头参政”，就是指他用尽心机使太后恪守法度，不得稍加违背。天圣五年正月初一，按惯例应举行大朝会，群臣齐聚朝堂，向天子祝贺新禧。但是宋仁宗想先率领群臣向太后拜寿，然后举行大朝会，太后却假意谦让道：“应当以公为先，还是行完朝臣之礼再拜寿。”参政王曾奏道：“陛下的意见是以孝道奉母仪，太后的意见是以谦让保大体。请皇帝按太后的意思行事。”皇帝坚决不肯，执意要以太后为重为先。

天圣七年，宋仁宗又要如此处理此事，秘阁校理范仲淹预先上疏谏阻说：“天子遵奉孝道，这是应该在家内遵守的礼数。如今天子亲率大臣在朝堂上行礼，有损君主威严，不能够成为天下及后人的表率。”这些话直言不讳，一针见血，吓坏了御史中丞晏殊。他对范仲淹说道：“我推荐你做官，你不谨慎行事，忠于职守，却说出这样的话，一旦太后怪罪，我也逃脱不了惩罚呀！”范仲淹道：“大人推荐我，想必是要我正身立朝，为国兴利除弊。我总是担心自己才疏学浅，不能胜任。现为国家的威严而直言进谏，以表忠义之心，没想到却受到如此责难。”

晏殊张口结舌，一时语塞。这时宋仁宗皇帝已经19周岁，太后不应该再垂帘听政了，于是范仲淹又上疏请求太后停止参政议政，将权力交予宋仁宗，范仲淹义正词严，不留一处辩驳的余地，这足见范仲淹胆识过人，刚正耿直。但皇帝和太后对他的奏章都觉得难以回答，便不加理睬。范仲淹为了表示义愤，力请辞职。结果朝廷将他调任为河中府（今山西省永济）通判。范仲淹虽被贬职，仍不惧怕权势。第二年（1030年）二月，又一次呈上奏章，说皇帝已能够自立，太后应当还政于天子，在长乐宫颐养天年，若继续执政，就不太合适了，太后仍置之不理。另有林献可上疏，恳请太后让位，太后非常生气，将其放逐到岭南。

鲁宗道、范仲淹等人仗义执言，冒死苦谏。正是有了他们这等忠贤之人，才迫使太后做出最后抉择只做一个摄政的母后，严守法度，谨小慎微，不越雷池一步。太后选择了这一条路，有许多原因，其中之一是王曾、吕夷简等一帮大臣竭力从中斡旋，唯恐因此而伤害年幼的天子。

吕夷简是寿州（今安徽省凤台）人，宋仁宗初，任参知政事，曾和王曾共同建议将宋真宗在位时的所有“天书”随宋真宗的遗体一起葬掉，他们认为这些“祥瑞”是上天为宋真宗一人而降，不能单独留在人间。这样，给宋真宗那些荒唐事冠以美誉后，并将其一笔勾销了。为表示对宋真宗的哀思，太后还将他平生穿着、器物、玩好等随葬；打造银罩，覆盖宋真宗牌位，浪费的钱财不计其数。吕夷简又上奏道：“这些都不足以报先帝之恩，现在天下大事由太后和皇帝两宫决定。皇帝尚且年幼，先帝肯定放心不下，太后辅导皇帝长大成人，使政事清明，亲贤臣，远小人，赏罚分明，才是对先帝最好的报答。”吕夷简做宰相以后，玉清昭应宫失火，太后含着眼泪说：“宋真宗皇帝花了好几年心血才建成这座宫殿，如今化为乌有，我们不应使先皇帝的遗愿落空啊！”意思是要重新兴建。但大兴土木，不但劳民伤财，而且会使当权者贪婪、骄奢，助长不正之风。吕夷简深知此理，故好言相劝，细细数说《洪范》中五行成灾的道理，又经王曾等谏阻，太后才肯罢休。

吕夷简能言善辩、擅长婉言服人的事例还有很多。比如：明道元年（1032年）二月，宋仁宗生母李宸妃病死。宋仁宗出生后，就被太后抱养。由于害怕太后降罪，群臣之中无一人敢将真相说予宋仁宗。宋真宗死后，李宸妃以一个先朝宫嫔的身份凄惨度日，一直过了十年，到明道元年二月病危，太后才将她升为宸妃。哪料封诰才下，李氏就病逝了，终年46岁。太后打算按一般宫女的规格，抬到宫外治丧，吕夷简闻讯去见太后，说应该隆重办理李宸妃的丧礼。太后听了大怒道：“这也是宰相分内之事吗？”不待回答，便拂袖而去。宋仁宗回宫后，太后又独自出来召见吕夷简，问道：“不过是一个宫女去世，你身为宰相，为什么执意要厚葬她呢？”吕夷简道：“臣既然身为宰相，没有不可管的事情，不论宫内宫外，应该说话时就要说话。”太后思忖道：他肯定听人说过李妃的身世，否则怎敢这样和我讲话，不觉愤怒道：“你这是何意？难道要离间我们母子关系吗？”吕夷简从容说道：“陛下若毫不关心刘氏宗族安危，臣也无话可说；若为刘氏考虑，臣以为李氏丧礼应该办得隆重一点。”太后一向聪明善悟，立即理解了他的用意，说道：“依你之见，该如何办理？”吕夷简道：“臣认为应当按照一品夫人的规格，在宫中发丧，挂孝采用宫中仪仗，暂时殡于洪福院。”太后只得应允，命入内都知罗崇勋办理，吕夷简又特意对罗崇勋说：“宸妃入殓要穿皇后衣装，棺中盛水银，免使尸身腐败。如果不听我言，以后皇上追究起来，可别怪我事先没提醒你。”罗崇勋一一遵从。

太后死后，宋仁宗叔父元俨将他系李宸妃所生之事告诉了他，还叙述了李妃生前如何受尽排挤，又是如何悲惨地死去等。宋仁宗听了，声泪俱下，数日内拒不早朝，又颁布罪己诏，实际上是怨恨太后阴险毒辣。又追尊李宸妃为皇太后，谥号为“庄懿”。亲自到洪福院祭告，准备按太后之礼厚葬一番。没料到打开棺木后，见宸妃身穿皇后衣服，面色如生。宋仁宗深有感触地说：“险些错怪了刘太后，岂可轻信人言啊！”从此对刘氏的礼数更加周到，若非吕夷简善于周旋，宋仁宗与刘氏恐怕早就反目成仇了。

明道元年（1032年）十二月，决定于来年二月，天子行躬耕籍田礼，在这以前要太后先到宗庙降香，恭谢祖宗。按照旧例，唯有天子才能祭宗庙，太后没有这种权力。为此特命直集贤院王举正、李淑等人与太常寺礼官临时制定相关礼制。太后想穿皇帝礼服去拜祭宗祖，参政晏殊认为应穿王后礼服，《周室》中有明确的记载，是万万不可违背的，惹得太后怒气冲天。其他大臣唯恐坏了礼制，又惧怕太后怪罪，所以推来推去，迟迟未作决断。参知政事薛奎对太后说道：“太后您要穿着皇服入庙行祭，皇服是男人穿的衣服，那您行不行跪拜礼呢？”原来宋朝时男子行跪拜礼而女子只拜不跪。宋初时太祖赵匡胤曾问宰相赵普，原因何在，赵普回答不出。遍问群臣，前宰相王溥的儿子王贻孙回答说：“古诗有‘长跪问故夫’的话，古时女子也是行跪拜礼的。武则天以妇人做了皇帝后，就规定女子拜而不跪。”这就给刘后出了个难题：穿男子衣当行男子礼，可是，她以太后的尊贵地位，怎可学男人跪地行礼？以后便绝口不提此事。礼官议定：天子衮服，花纹有十二章；太后也穿衮服，唯比天子减两章。天子戴冕，前后各垂十二旒；皇太后所戴冠，前后也各垂十二旒，取名为仪天冠。不同之处在于天子冕旒是用五彩丝绳穿五色玉而成；仪天冠改玉石为珠翠。为免跪地行礼，太后只好答应穿改造后的衣服去。后来有人写文章说：宋代礼制天子入太庙，只行九拜礼，根本没有跪地这种事。太后不知，上了薛奎一个当。若有人向太后奏明此事，薛奎肯定没什么好下场，然而竟无人奏明。可见大势所趋，所以刘太后最终也成不了武则天。

祭拜之后，为了纪念这次盛大的礼制活动，刘太后命宰相张士逊撰写《射太庙》和《躬耕籍田记》。检讨官宋祁奏称："皇太后祭太庙，史无前例，不足为后世表率。"《谢太庙》就免了，因此只撰了一篇《躬耕籍田记》。

是年三月，皇太后身体不适，宋仁宗为此颁行大赦，为太后免灾。当时太后已是口不能言。宋仁宗知她有所嘱托，再三追问，也不知道她到底想表达什么。又见她以手扯衣，宋仁宗细看太后衣服。没有任何异状。正自焦急，太后将头一侧撒手归西了。宋仁宗猜不透太后那一番动作的意思，心中不安，来到外朝请大臣们一起参详。参政薛奎道："大概是怕穿着衮冕，无法去阴间拜见先祖吧。"宋仁宗顿悟，命令给太后换上皇后衣服再行入殓。

太后临终，建议尊杨妃为后，与宋仁宗同议政事，御史中丞蔡齐对执政说："皇帝已能主持政事，却让太后一个接一个地来参与国事，成何体统。"殿中侍御史庞籍则建议把"垂帘听政"的所有礼仪制度底本烧毁，以防止这类事情再次发生。于是，执政决定，删掉太后遗言中"同议政"之类的言辞。办完丧事，四月份宋仁宗首次自行处理朝政，下令停止修建寺院，免去太后亲信太监罗崇勋的职务，起用范仲淹等直臣。朝中诸臣都纷纷指责刘太后临朝听政时的错误，经范仲淹奏请，为保全朝廷大体，才下令禁止议论太后垂帘听政时的事情。四月二十八，议定刘太后谥号为"章献明肃"，宋仁宗生母李氏谥号为"章懿"。此后成为定例：皇后谥号只有两字，自刘氏后凡垂帘听政者都为四字。

宋仁宗即位时因年幼，刘太后垂帘听政，宋仁宗一切事宜均由刘氏裁定，婚姻大事亦不例外，这也闹出了不少后宫风月风波，明道二年（1033年）十二月，郭氏被废就是其中之一。

宋仁宗渐渐长大，男女之事也已明白甚多，且他与张美人相恋已久，刘太后却认为张美人与宋仁宗并不匹配，不同意这桩婚事，亲自为宋仁宗另定一门亲事郭氏，郭氏算得上官宦世家。另外，刘太后曾对辅臣说："自古以来，外戚都因家族昌盛、权柄过重而招致祸端，没有几个有长保富贵的。因此我从衰微的旧族中选出郭氏，奉为皇后，也是出于避免外戚干预政事啊！"

宋仁宗无奈，只得顺从太后的意愿。天圣二年（1024年）十一月，立郭氏为皇后。常言说得好：强扭的瓜不甜。郭氏虽做了皇后，宋仁宗碍于太后情面，也对她颇为尊礼，然而只是敬而远之，二人谈不上什么感情。郭氏对此深为不满，经常冲其他人发泄。刘太后同情她，就禁止其他宫女接近宋仁宗。宋仁宗惧怕太后，只好忍气吞声。刘太后死后，宋仁宗就变得无所顾忌了，因而冷落了郭氏。宫嫔中有尚氏、杨氏二人最得宋仁宗宠爱。郭氏对二人心存嫉妒。而尚、杨二人个个聪明机智、锋芒毕露，既得皇帝宠爱，根本未把失势的皇后放在眼中。双方你争我斗，积怨愈深。有一天，三人陪侍宋仁宗，尚氏仗着宋仁宗宠爱，故意当面讥讽郭氏。古代后宫，皇后与妃子的关系类似于君臣的关系。而尚氏此举乃以下犯上，以臣欺君，郭氏哪里肯饶，硬要讨回公道，以雪耻辱，于是出拳要打尚妃。尚妃自然不敢还手，只得向宋仁宗求援。宋仁宗只好充当和事老，以求息事宁人，于是站在两者之间将两人隔开。郭氏认为宋仁宗的举动是在袒护尚妃，更加恼怒，越发想打尚氏出气。结果，一个不小心，郭后打尚妃的巴掌落在了宋仁宗的脸上。郭后惊恐万状，跪地求饶，又哭又闹，其他两位妃子却在一旁幸灾乐祸。宋仁宗大怒，拂袖而去。

回宫后，宋仁宗想起刚才的事，越发气恼，发誓要废郭后。内侍阎文应当时正站在宋仁宗身边，心知他在咒骂郭氏，所谓当局者迷，旁观者清。事发当时，阎文应目睹了这一场闹剧，心中清楚：尚氏以下犯上，该打；而宋仁宗搅在其间，确有失君臣体统；同时郭后误伤宋仁宗，但罪不致废。但他并未用正理引导宋仁宗，却插话道："皇上要废皇后，这可不是件小事。群臣之中，无人目睹此事，因此也不知晓您的委屈之处，只当你们生了闲气，肯定不能同意废后之事。"宋仁宗忙问："那该如何处置？"阎文应道："以奴才之见，应马上传宰相来见。看他见了您脸上的伤，会怎样讲。"宋仁宗听完，沉默不语，他不想把这种不光彩的事张扬出去。阎文应知其难处，慌忙进谏："我本不该出此下策，但郭氏阻止皇上与爱妃在一起，常闹得您不开心，我们做奴才的也为皇上鸣不平。刚好有这样一个废掉她的好机会，错过了就追悔莫及了。"宋仁宗点头称是，召宰相觐见。

吕夷简听完事情的前因后果，暗地里叫好。因为他与郭氏早有过节，一直在寻找复仇的机会。

明道二年（1033年）三月，太后去世后，宋仁宗开始独理朝政，他雄心勃勃，为证明他的能力不逊色于母后，一定要切实干几件事。宰相吕夷简针对刘太后临朝的弊政，提出八条施政方针，宋仁宗认为切中要害，把他看作是忠贤之士，倍加信赖。为清除太后任用的奸邪之人，宋仁宗找吕夷简共同拟定了一个贬官人员名单。计议已定，宋仁宗兴奋地回到后宫，郭皇后问他因何如此高兴，宋仁宗把与吕夷简拟定名单之事一一告之。郭皇后乃刘太后扶立，对太后感恩戴德，当下心生怨恨，于是迁怒于吕夷简。对宋仁宗说："照理说，吕夷简本人也是受到刘太后的提拔才晋升为相的，那他也算是太后的党羽啊！只不过此人善于见风使舵，迎合主子罢了。"宋仁宗一想也是，自宰相张知白去世后，是太后亲手将吕夷简扶植为相，并且对他言听计从，事事同他协商然后颁行。于是又把吕夷简的名字填在了名单上，命人送到学士院起草制书。

第二天早朝吕夷简押班，文武官员各按朝班站定。大家都听说今日将有大的人事变动，个个心中惴惴不安。只有吕夷简神态安详，步履从容。早朝罢，听宣赞舍人宣读制书：命枢密副使夏竦知襄州，参政陈尧佐知永兴军，枢密副使范雍知荆南军，枢密副使赵稹知河中府，参政晏殊知江宁府，枢密使张耆判许州。吕夷简数了数，共是六人，知道所拟名单已经念完，就想宣布散朝，阁门官道："且慢，还有一条未宣。"吕夷简十分惊诧，不知要宣何人？正思考间，宣赞舍人就已读道："着门下侍郎、平同章事吕夷简，以使相判许州。"吕夷简顿时目瞪口呆，不知如何是好。

等他清醒过来，就四下询问此事的缘由。终于从入内都知阎文应那里得知，全是郭皇后所为，于是怀恨在心。

当年八月，吕夷简又重新担任了宰相职务，十二月就碰上了郭后误打宋仁宗的事。吕夷简暗自庆幸，这下终于有了复仇的机会，于是说："帝后不合，自古有之，我必按陛下旨意拟定废后诏书。"宋仁宗仍放心不下，说："外间大臣不致……"话未讲完，吕夷简已心领神会，说："陛下请放宽心，此事就托付于我吧。汉光武帝、唐高宗都遇到废后之事，所以这并不会有损您的声誉。”宋仁宗这才觉得理直气壮，命吕夷简速去办理。

吕夷简虽说得轻松，却也明白此事确实事关重大，不可等闲视之。但由于报仇心切，就顾不了太多了。先责令有关人员，只要是御史台，谏院所呈奏章，一概不受，以免皇上犹豫不决。一面匆忙草拟诏书，说是皇后郭氏心向黄老，自请入道，特封为净妃、玉京冲妙仙师，迁入长宁宫静修，赐名“清悟”。消息传出，御史台、谏院官的奏章就一封一封呈了上来，但又都一封一封地被退了回去。御史中丞孔道辅、右司谏范仲淹大怒，决定率领台、谏官孙祖德、宋郊、刘涣、蒋堂等十人，一起到垂拱殿前“伏阁奏事”。伏阁是宋代奏事的一种形式，指在朝廷有重大失误，下情不得上达时，谏官跪在殿阁并请求召见，为达目的宁可跪死也不罢休。不过吕夷简对郭皇后成见很深，一定要坚持废后，他吩咐殿门官将殿门关了，不许向天子通报。孔道辅膝行而前，力扣殿门，大叫：“废后这等大事，为什么皇上却不准谏官进言呢？”尽管吕夷简不许向天子通报，宋仁宗还是知道了此事，传命台谏官一起到中书省，听宰相解说废后的原因。众人来到中书都堂上，吕夷简于是将经过说了一遍，孔道辅道：“人臣与帝后的关系，就像子女与父母。父母不和，子女只有从中劝解，怎能帮助父亲惩治母亲，从此离间二人呢？”吕夷简道：“这也实属无奈。况且汉唐以来，屡屡出现，不足为奇。”孔道辅道：“你作为一个大臣，应该以尧舜之丰功伟绩、清德圣明来勉励皇上，而不应该让皇帝效法汉唐皇帝失德之事。”吕夷简无言以对。范仲淹道：“君是天下之父，后是天下之母。天下之母可无罪而废，那天下之父也可无罪而废了？”吕夷简大怒，拍案而起道："何出此言？简直是无父无君，大逆不道。"范仲淹毫不退缩道："是谁无父无君，我们现在就可以争论清楚。人心向善，在哪里也不能只凭一个人说了算。"一个人说了算自然是指吕夷简拒收台谏章奏之事，他心中恼恨，却也无法辩驳，便含怒离去。

当时宋朝另有一种奏事的形式，称为"廷争"。范仲淹一番话提醒了台谏官们，他们准备利用"廷争"与吕夷简抗争到底。不料吕夷简老谋深算，他畏惧"廷争"，于是费尽心机先发制人，事先禀明皇上，诬陷孔道辅、范仲淹等伏阁奏事，有辱圣相，应严加惩处。宋仁宗便听从了他。吕夷简当下拟好了诏书，等皇帝一批复，就迫不及待地付诸实施。最后所有伏阁官员或贬或罚：孔道辅贬知泰州，范仲淹贬知睦州，其余各罚铜二十斤。按以往的惯例，御史中丞罢免，应由朝廷告院颁布告辞。但为了赶紧让孔道辅离京了事，只由宫中降下一纸敕令就算生效了。另外，朝廷还委派专员押解孔道辅、范仲淹二人离京，并下诏说："以后谏官御史不许再伏阁奏事，免得动摇人心。"这引起了台谏官的强烈反对。侍御史马绛奏请说："孔道辅、范仲淹二人忠于朝廷，勤于政务，反被贬黜，虽黜犹荣，令人敬佩。请朝廷连我一起贬出。"侍御史郭劝、殿中侍御史段少连以及将作监丞富弼也都上疏谏阻，段少连书中说："臣听说两府大臣商议，要使皇后入道。皇后乃是一国之母，如果真的有罪，也应下旨把她贬为平民，哪里能让她入道呢？消息传出，一时间震动京都。孔道辅、范仲淹等人恐诏命一下，铸成大错，难以更改，率群臣伏阁上疏，竟遭贬逐。又有诏书说，永不许伏阁。伏阁有什么错？唐朝时王仲舒伏阁，为陆贽申冤；崔元亮伏阁为宋申锡申冤，史家传为美谈。今朝廷禁止伏阁，以后，朝廷上即便发生了重大的事，谏臣们也没有敢进言的了。敬请陛下深思，孔道辅、范仲淹的行为是忠是奸？该不该获罪至此？如果在朝之臣，个个只享俸禄，而不指正朝政的缺失，包括我也畏罪保持缄默，那会使朝政处于怎样的局势呢？”又说：“臣等听说使皇后入道，降为净妃，都是某大臣的主意。臣等上疏请求召见，又被拒之于门外；明明是有奸邪小人从中作梗，离间陛下与群臣的关系。陛下若不明察，必为奸邪所误。”这是指着吕夷简的鼻子叫骂，朝廷只是不予理睬，只得作罢。就这样，郭后被废，吕夷简和宋仁宗都觉得心满意足。

从此尚、杨二美人更加肆无忌惮。景祐元年（1034年）四月某日，忽然有一名小太监来到开封府中，要开封府官员跪听“教旨”。当时任开封府判官的是侍御史庞籍，他暗想：“皇帝传旨称圣旨，刘太后临朝时传旨称教旨，现在刘太后死了，皇后又被贬，哪里来的教旨？”

小太监宣读以后，才知是尚美人传命开封府免除工人交纳的市租，弄得庞籍哭笑不得，一个妃子也传什么“教旨”，真是不自量力。当即将太监拘留，随即奏明皇上，要皇上依法处理他。宋仁宗知道是尚妃胡闹，只好下令将小太监打一顿棍子，又传令给政府各部，以后宫中传命，都不得接受。尚妃丢了面子，大闹后宫，宋仁宗只好在三天后下诏，以尚美人父继斌为右侍禁，叔伯继因、继能为右班殿直，算是给尚美人赔礼道歉，此事才算平息。

宋仁宗废了郭皇后，失去了牵制。当年八月，王曾自天平节度使改任枢密使，南京留守推官石介以书信劝他谏阻宋仁宗，其中说：自从郭皇后被废，谣传很多，说宋仁宗皇帝喜好女色，有失圣德。七八月以来，谣言四起，说他与众妇人在宫内聚淫，饮酒作乐，不分昼夜。又有人说宋仁宗近来身体孱弱，时常有病。石介这些话并非虚言，自郭皇后被废，尚、杨二人每天不离宋仁宗寝宫，搞得宋仁宗日渐消瘦，食欲骤减，乃至终日不食。宫内宫外，人人忧心忡忡，都说尚、杨是罪魁祸首。首先是杨太后告诫宋仁宗，要他治尚、杨之罪，切不可再留于宫中。宋仁宗只口头承诺却不愿付诸行动。其次是入内都知阎文应，他日夜念叨此事，请求贬斥尚、杨。直叫宋仁宗听得心烦意乱，又知他是一片忠心，不便治罪，自己近来精神不好，知道必不能再如此纵欲。只是已习以为常，不忍割舍尚、杨二人。但终有一日，宋仁宗因听够了阎文应的絮叨，顺口敷衍道："好，好，贬了也好，省得每每因此事让我心烦。"阎文应抓住机会，马上私下派人用两辆毡车强把尚、杨二人遣出宫去。是夜，宋仁宗不见尚、杨二人的踪影，找人问询，阎文应答道："陛下不是说了把她们贬出宫吗？我已照办了。"宋仁宗自是无法辩驳，甚是气恼。正要治阎文应罪，不料阎文应早请了杨太后前来解围，宋仁宗也只好作罢。第二天，宋仁宗只得下诏，命郭氏迁置瑶华宫，命尚妃入道，杨妃置于别宅。同时，按太后的意思命宋绶草拟诏书，在贤德世家中寻一女子为后。

九月，经人推荐，宋仁宗选中了寿州茶商的女儿陈氏，陈氏有沉鱼落雁、闭月羞花之美貌，深得宋仁宗的宠幸。宋仁宗决定就立她为后，择日成亲，宋绶闻讯，上奏说："陛下让臣草拟的诏书中说，要择世家女子立为皇后。如今刚刚起草完，你又一改初衷，选了陈氏这个寒门女子，岂不失信天下？"枢密使王曾、宰相吕夷简、枢密副使蔡齐也纷纷谏阻，侍御史杨偕、知谏院郭劝等也上疏反对。宋仁宗知道此事难成，只好命陈氏出宫。司马光《涑水纪闻》中也记载了此事，说陈氏的父亲名叫陈子诚，陈子诚把女儿送入宫中，杨太后和宋仁宗对陈氏都很满意，允诺将立其为后。已经送到掖庭，准备入皇帝寝宫了，被阎士良发觉。阎士良是阎文应之子，也是太监，在宫中掌管御药院，知道此事不妥，却又无法正面阻拦，情急之下，心生一计，于是去见宋仁宗。宋仁宗正在翻百叶图，以选良辰迎陈氏为后。阎士良道："听说陛下要纳陈氏女为后，果真如此吗？"宋仁宗说："是。"阎士良于是说："陈氏之父号子诚，原因是他身为子城使。陛下可知子城使为何等职务？"宋仁宗不知。阎士良说："子城使就是豪门里的管家，陛下纳此寒门之妇为后，岂不招人耻笑？"加上宋有律令，不准良人与奴仆联姻，否则治罪。宋仁宗不知所措，立命逐陈氏出宫。实际上，"子城使"与"子诚"之名风马牛不相及，阎士良突发奇想，婉言逐陈。

数日以后，宋仁宗拟立曹彬的孙女曹氏为皇后。宋朝初年，曹彬曾率兵消灭西蜀、南唐等国，为国家立下了汗马功劳，官封检校太师、枢密使，赠韩王。膝下七子，次子曹玥娶了秦王德芳的女儿兴平郡主为妻。曹氏是第五子曹玘的女儿，门第显赫，天下很少有人能与之相比，群臣再无异议。

曹氏出于将门，但并不讨宋仁宗喜欢。婚后不久，宋仁宗便思念起郭皇后来，常常派人前去探望，甚至偶赠亲题词赋，以表怀念之情。郭氏也还诗回赠，借以表达其心中凄苦。宋仁宗日觉悔恨，一度私下召她入宫，怎奈郭皇后执意要宋仁宗重立其为后，再行入宫。阎文应知其心有此意，知道郭氏入宫，必于自身不利，乃趁郭氏生病，私通御医，于景祐二年

（1035年）十一月将郭氏毒死。宋仁宗命以皇后之礼安葬。开封知府范仲淹同情郭氏遭遇，屡谏宋仁宗，上奏阎文应的罪行。宋仁宗于是下令将阎文应放逐到岭南。群臣并无一人替他说情。

元昊称帝，宋夏战和

宋宝元元年（1038年），夏李元昊在兴庆府（今宁夏银川市）即帝位，定国名“大夏”，年号“天授”。

李德明去世前不久，宋朝有一善于相面的大将曹玮，他镇守定州（今河北省定县）。他曾对因事前来的三司副使王鬷说：“从相法上看，你以后应该任枢密使一职。我有一言，愿君留意。我早年在秦州任职，闻听西夏人李德明每年都用羊马和我国进行贸易往来，以最后成交的贸易量进行赏罚，并经常因此残杀无辜平民。其子元昊，年方十三，劝其父说：‘我们以羊马立国，反而给中原人用，换回来的茶叶布匹轻浮无用，只能有损我国实力。况父亲因此杀人，实属不该。再说，长此以往，西夏就会多茶布而少羊马，日渐削弱。德明从其言。我感到奇怪，想知道元昊是何许人物，于是派人画其面像，果是仪表不凡。李德明死后，此人必为我大宋之患，那时你正任枢密使。希望你及早研习兵法，研讨边事，以免日后之祸端。”王鬷不以为然，后果因不谙兵事而罢官。

天圣九年（1031年）十月，李德明死，太子李元昊继位。李元昊

（1002—1048年）是一位博学多才的首领，善于绘画，精通佛经和律法，精研蕃汉文字，还能研制器物。他秉性刚毅，熟知兵法，博得族人的爱戴。

李元昊虽然接受了宋、辽双方西平王的封号，但即位后，他一面继承父业，一面决心摆脱宋辽，建立一个属于党项人自己的国家。于是加紧向西扩张，使疆域包括了陕北五州、宁夏灵、盐等州，声势日渐高涨。

宋明道元年（辽重熙元年，1032年），李元昊刚即位不久，辽就册封他为夏国王。宋朝也派使臣前来，并封李元昊为定难节度使、西平王。李元昊对宋使并不以礼相待，而是相当轻慢。之后，他废掉唐宋所赐的李、赵姓氏，改姓嵬名氏，并改名曩霄为“兀卒”。接下来，他进行了一系列改革，以强化民族意识。他下令恢复“秃发”风俗，规定服饰，废除繁杂的礼仪制度，提倡勇武，创制记录党项语言的西夏文字。另外，他完善了封建国家的各项制度：首先于明道二年，为避父讳改宋明道为自己的年号“显道”，后于次年改为“开运”“广运”；五月，把开兴州改为兴庆府，并在那里营建宫殿。其次仿宋朝的官制设官、定朝仪，建立了蕃汉两套统治机构。最后在军事方面，他仿照宋制，定驻地，进行布兵调防。

李元昊卓越的军事才能在李德明对回鹘的战争中初露锋芒，于后来在河西的战争中表现得更加突出。李元昊继位后，继续派兵攻打河西。明道二年（1033年）七月，遣将苏奴儿攻吐蕃唃厮口罗牦牛城（今青海省西宁北），苏奴儿兵败，自己也被对方俘获。九月，李元昊亲领兵再次进攻此城，假装与之议和而趁机攻克了此城。夏广运二年（宋景祐二年，1035

年）十一月，李元昊又攻宗哥（今西宁东）、带星岭一带的城池，进围青唐（今乐都境），与吐蕃唃厮啰部将安子罗十万大军奋战二百余日，将子罗打得大败。李元昊由于打了胜仗而放松了警惕，退兵时遭人暗算，大败而归。即使在李元昊攻占河西后，隔断了吐蕃和宋朝的交通，也未能制服吐蕃唃厮啰。夏广运（1036年）三年七月，李元昊再度举兵进攻回鹘，攻占瓜（今甘肃安西）、沙（今敦煌）、肃（今酒泉）三州，至此，河西走廊全部归西夏所有。

李元昊在对河西作战的同时，又以防止宋朝入侵为由，在边境上增兵筑寨，并不时以小规模进攻来骚扰大宋边境。早在夏开运元年（宋景祐元年，1034年）二月，元昊就开始进攻府州（今陕西省府谷），接着又攻掠环（今甘肃省环县）、庆（今庆阳）二州，在宋朝境内筑白豹城与后桥堡。次年七月，李元昊又派首领讹遇领兵进攻环、庆。西夏天授礼法延祚元年（宋宝元元年，1038年），李元昊准备进攻宋朝河东路，向宋朝上疏请求上五台山供佛以求平安，计划窥探进兵道路，探听到河东已有防备，遂罢。七月，李元昊召集各路首领于贺兰山会盟，约好先进攻鄜延，想从德靖、塞门砦、赤城路三路同时发动进攻。将要发兵时，有人劝阻李元昊说没有建立国号，不能让众人信服，于是李元昊决定立即称帝建国。

十月间，李元昊与大臣野利仁荣、杨守素等谋划称帝的事。宋仁宗宝元元年（1038年），李元昊在兴庆府即帝位，定国名为大夏，史称西夏。李元昊自称世祖皇帝，是为西夏景宗，并改当年为天授礼法延祚元年，以兴庆府（今宁夏银川）为都。大封文武百官，追尊祖父李继迁为“神武皇帝”，庙号太祖，父李德明为“光圣皇帝”，庙号太宗。立子李宁明为太子，并于十一月去西凉府祀神。这时的西夏已是一个东到黄河，西至玉门，南接萧关，北控大漠，地方万余里的大国。

李元昊建国称帝的目的是为了实现党项政权的独立，挣脱宋朝的辖制。但是，李元昊又希望宋朝能够承认他建国称帝。李元昊建国后，于天授礼法延祚二年（宋宝元二年，1039年）正月，派使臣向宋朝上表，表文大意是说他是皇家的后代，此时称帝是合法的，并请求宋朝皇帝册封他为夏国之君，并“承认西郊之地为夏国所有”。宋仁宗见到表章后，于五六月份下诏，撤销了以前封给李元昊的官位，并下令禁止与西夏的贸易往来，并且张榜悬赏，能擒获李元昊将其头颅献上者，必定封为定难军节度使。同时，任用夏竦知泾州（今甘肃省泾川），任泾原秦凤安抚使，范雍知延州（今陕西省延安），任鄜延环庆安抚使，共同对付西夏。宝元二年（1039年）冬，李元昊先发制人，派兵攻打保安（今陕西省志丹），巡检指挥使狄青将其击败。

夏天授礼法延祚三年至五年（宋康定元年至庆历二年，1040—1042年），李元昊对宋朝发动了三次声势浩大的进攻。

康定元年（1040年）正月，李元昊派人向宋延州知州范雍谎称投降，并攻其不备，占领了宋夏间的战略重地金明寨。又派大军进击保安，连续攻占了安远、寨门、永平诸寨，一直打到延州城下。虽然宋军当时在延州附近驻有十万大军，但是军心涣散，又不能齐心协力御敌，所以屡遭失败。延州知州范雍坚守不出，并慌忙派人去调遣驻扎庆州的副总管刘平、石元孙率骑兵前来支援。两队人马在三川口处激战，刘平不幸中了流矢。天黑时，西夏军派出轻兵来战，宋军的前部后退。宋朝的都监黄德和从后面看见军队前部军队后撤，急忙命令部下退却，于是士兵们纷纷逃跑，宋军大乱。刘平带领着剩余的军队转战三日，一直退到西南山，并被西夏军连夜包围。第二天凌晨，西夏派大部人马把宋军一分为二，双方苦战一整天，最后，宋军失败，刘平、石元孙被俘。接着李元昊转而进攻延州达七天之久，恰好赶上天降大雪；李元昊害怕其军后方有失，于是命令收兵，延州得已保住。

三川口一役的失败，使宋朝廷上下大为震惊。黄德和被腰斩，范雍被贬职，朝廷指派重臣韩琦为陕西安抚使，范仲淹为知延州、陕西安抚副使，协力抵御西夏。范仲淹深知，宋与西夏的战争将是长期的，重视部队和边境防御设施的建设，要以守为攻，于是首先致力于宋军的整顿。宋朝军队中这样规定，军队总管应统领一万士兵，钤辖应统领五千士兵，都监应统领三千士兵，万一敌军前来侵犯，那就要求官位低的先行出战，这种制度显然存在严重的弊端。范仲淹想改革这一制度，他检阅延州军队，选出一万八千人，把他们分为六部，每部三千士卒，并委派一员大将率领他们进行严格训练。每有战事，视敌军的多少强弱，选派将领，轮流出战，从而提高了部队的战斗力。他关心士卒，一旦有赏赐，便将全部都分给部下。以前为了防止士兵逃跑，宋朝的兵士都要在脸上刺字，这极大地伤害了士兵的自尊心。范仲淹改刺字于手臂上，使他们退伍后尚可为民。经范仲淹整顿过的军队，纪律严明，骁勇善战，多次打败了西夏的进攻。

庆历元年（1041年）二月，李元昊率大军进攻渭州（今甘肃省平凉），直接威胁怀远。韩琦亲自来到镇戎郡，调用他的所有军队，又招募勇士近两万人，交给环庆副总管任福统帅，任用耿傅为参军事，桑怿为先锋，朱观、武英、王珪各自带领部下参战。任福率轻骑数千来到怀远擒龙川，正赶上宋将刘肃与西夏军在张家堡南作战。西夏军丢弃许多牲畜，佯装失败，宋将桑怿在后紧追不舍，任福见状，带领大军与桑怿会合，天黑时，一起驻扎在好水川。此地与朱观和武英驻军的龙落川只有五里，两支宋军便约好次日在兵川口会师。然而，由于宋军轻装急进，加上粮草辎重几天后还未到，士兵和战马已经饿了三天，而李元昊却亲率精兵十万屯于川口。第二天清晨，任福与桑怿带兵沿好水川向西行进，在距羊隆城五里的地方遇到西夏的小股军队，才知道中了夏军的诡计，不得已与其交战。桑怿在路边发现几个银泥盒子，里面还有动物跳动的声响，任福下令打开，一群带有哨子的家鸽从盒里飞了出来。原来，这是西夏人的作战信号。只见，在鸽哨声中，大批西夏军从四面八方掩杀过来，宋军奋力拼杀。西夏有一人挥旗，向左指时，左边山坡上的伏兵冲出来，向右指时，右边山坡上的伏兵冲下来，还有几千西夏军截断了宋军的退路。宋帅任福及其子任怀亮英勇地战死沙场，大将武英、赵津、王珪、耿傅也都相继壮烈牺牲，这一战役中，宋军损失一万多士兵。西夏胜利后，李元昊扬扬得意地写了一首讽刺诗投掷到宋营中，诗中道：“夏竦何曾耸？韩琦未足奇。满川龙虎辇（指宋军尸体），犹自说兵机。”还悬赏三千两白银，要夏竦的人头，足见其对宋将的蔑视。

好水川战役后，李元昊又乘胜攻克宁远寨、丰州（今内蒙古准噶尔旗南）。宋朝分陕西为秦凤、泾原、环庆、鄜延四路，任韩琦知秦州，王沿知渭州，范仲淹知庆州，庞籍知延州，各兼经略安抚招讨使，率领大军二十万，以防西夏的进攻。范仲淹到任后，命令部队在战略要地——马铺寨建造一座坚固的城池，于十天后完工，宋仁宗命名为大顺城（今甘肃省华池东北）。西夏人得知宋军筑城，派三万骑兵急袭过来，范仲淹率众坚守。西夏兵佯装败退，企图把宋军诱入埋伏圈。范仲淹怕中了埋伏，于是严令诸将追至河边为止，坚决不能渡河，这样埋伏在河外的西夏军只得无功而返。范仲淹在环庆一带先后修筑城寨三四十座，屯兵营田，增强了军队的御敌能力。西夏人惊呼："现在的这个小范老子（指范仲淹）深谙用兵之道，不如大范老子（指范雍）那样好对付了。"

庆历二年（1042年）闰九月，李元昊率兵大举进攻镇戎郡（今宁夏固原）。知渭州王沿派副总管葛怀敏分兵四路同时前往抵御西夏军队，等宋军到了定州寨，西夏人绕道拆毁了桥梁，断了宋军退路，然后对宋军形成了四面夹击之势，情况十分危急。葛怀敏只好率军突围而出，宋军溃败，士兵四处奔逃。逃至长城边，不料退路已断，不得已返身重与西夏军队作战，葛怀敏及其部下将校数十人皆战死，宋军损失士兵九千名，战马六百匹。西夏军一路追击直抵渭州，沿途烧杀抢掠，泾、汾以东都闭寨自守。范仲淹亲自带兵来接应，李元昊才退兵。宋朝加调禁军两万两千人到泾原防守，又设陕西路经略安抚招讨使，总领四路大军，分别让韩琦、范仲淹、庞籍统领。当时，韩琦和范仲淹二人在军中享有相当高的威望，民谣说："军中有一韩，西贼闻之心胆寒。军中有一范，西贼闻之惊破胆。"

连年的战争，使宋夏双方都疲惫不堪。李元昊对宋战争虽然连续获胜，但其军队也是死伤过半，国内人力匮乏，财力不济，危机重重。庆历三年（1043年）年初，李元昊通过辽人向宋表示愿意结束战争并与之修好，宋朝求之不得，要求李元昊取消帝号，但李元昊断然拒绝。庆历四年（1044年）四月，经过交涉双方达成和议：李元昊取消帝号，仍称夏国主；取消年号，奉宋正朔；宋朝以岁赐名义给西夏每年银绮绢茶二十五万；另在各节日和李元昊生日共给西夏银两万两，银器两千两，绢、帛、衣着等两万匹，茶一万斤；在保安郡和镇戎郡的高平寨设榷场，互通贸易。从此，双方和平往来，但在其国内，李元昊仍然称帝。两年后，迁保安郡榷于顺宁寨，后又设立东银星和市。宋朝每年通过榷场，买入马四千多匹，羊两万只。宋夏间的榷场贸易，深受双方人民的欢迎，出现了“商贩如织”的繁荣局面。

第六章 三大发明，富甲天下

北宋开国以后，经过整顿，出现了一段相对安定的时期，在这段时期里，宋朝经济、文化都得到了发展，一些大的城市也繁荣起来。当时皇室、贵族和官僚、士大夫，标榜文治，整天歌舞升平；同时市民阶层对文化娱乐的要求也日益增强。

三大发明，名扬海外

沈括经过刻苦钻研，发明了悬式指南针，人们将指南针应用于航海，获得了远距离航海的能力，标志着定量航海史的开始。

指南针最早可追溯到汉代，人们称它为司南。北宋初年，司南逐渐演变成指南鱼、指南针。沈括在《梦溪笔谈》中讲述了丰富、发展了关于磁针的制法和用法。他说："方家以磁石磨针锋，则能指南，然常微偏东，不全南也。"这就暗含了对地磁偏角的认识。他亲自试验了安置磁针的四种方法，把磁针横贯灯芯浮在水上，架在碗沿上或指甲上，还可以用缕丝悬挂起来。接下来还对这四种方法的优劣进行了分析。这几种方法中，用丝线悬着是最好的。关于用蜡烛悬丝，他着重指出了新纩（音框，丝棉）蚕缕，这种纤维有均匀的弹性和良好的柔韧度，用蜡烛粘而不会产生扭转，这样就完全可以保证指向的准确性。南宋陈元靓在《事林广记》中，还介绍了当时民间流行的指南针的另一种形式，就是木刻指南鱼、木刻指南龟。这里所说的指南鱼是把一块天然磁石塞进木鱼腹里，让木鱼浮在水上来指示南方。而指南龟与指南鱼有些相似，磁石安置在木龟腹里，但它的装置方法相当特别：在木龟的腹部下方挖一小洞，然后把木龟安在竹针子上，让它自由转动。这就相当于给了它一个固定的支点，拨转木龟，等它静止以后，就可以指示南北了。与近代指南针的支轴形式大体相似，现代的指南针被安装在一个支针的两顶点之上的，这个以其自身顶点支撑指南针的支针被称为“旱针”。早在南宋时期，便出现了类似于“旱针”的装置。

沈括所说“方家以磁石磨针锋，则能指南”，还揭示了古人制作人造磁体的一种方法，那就是摩擦传磁法。这种方法其实很简单，就是通过针与磁石摩擦，利用磁石的磁性，使针内的分子按照一定规则排列，这样磁针指示南北的能力就会加强。如此简捷方便的方法，其发展与推广对指南针的生产和应用也起到了举足轻重的作用。

北宋初年曾公亮主编的《武经总要》（1044年成书）还记载了一种造“指南鱼”方法。“以薄铁叶剪裁，长二寸阔五分，首尾锐如鱼形，置炭火中烧，候通赤，以铁钤钤鱼首出火，以尾正对子位，蘸水盆中，没尾数分则止，以密器收之。用时置水碗于无风处，平放鱼在水面令浮，其首常南向午也。”他十分详尽地叙述了这一制造人造磁针的方法，按现代的观点，将铁片加热，温度高于居里点以上，铁的磁畴瓦解成顺磁体，铁片出炉后沿南北方向旋转，即循着地球磁力线，突然入水冷却，磁畴便有规律地排列，显出极性来。这样形成铁片浮在水面就会指向南北向，并且磁顽力较高，永磁性能较好，被称为马氏体。有意思的是铁鱼入水冷却时必须取南北方向，并且使鱼形铁片取南北方向与水平面成一角度，这样可使鱼更加接近地磁场方向。这是人们已意识到有一倾角存在，很好地利用了地磁感应。使用指南针时应配上方位盘，不久就出现了把磁针和方位盘联成一体的罗经盘，又叫罗盘。人们根据方位盘上针的指示来断定方位。南宋

曾三异《因活录》写道："地螺或有子午正针，或有子午丙壬间缝针。"文句提到的"地螺"就是罗经盘。这种罗盘不但有用磁针确定地磁南北极方向的子午正针，还有用日影确定地理南北极方向的子午丙壬间缝针，两个方向的夹角就是磁偏角。

北宋宣和年间（1119—1125年），朱彧撰写《萍州可谈》，里面记载了1094—1102年间他在海船上使用指南针的情况，其中是这样写的："州师识地理，夜则观星，昼则观日，阴晦观指南针。"当时还只是在见不到日月星辰的日子里才使用指南针。宣和五年（1123年）徐兢（1093—1155年）出使高丽，他撰写的《宣和奉使高丽图经》详尽地论述了他们航经黄河、渤海时的情况，而且也提到了他们利用指南针导航的经历。"若晦冥，则用指南浮针，以揆南北"意思是说，到晚上不可以将船停在海洋中，应观看天上的星斗来决定前进的方向，如果天太黑就必须求助于指南浮针，用以指示南北。这两条是世界上目前关于利用指南针航海的最早记录，比1180年英国奈开姆的记载要早七八十年。南宋吴自牧在《梦粱录》中写道："风雨冥晦时，唯凭针盘而行，乃火长掌之，毫厘不敢差误盖一舟人命所系也。"这些话也反映了指南针在航海中的地位和作用。

航海罗盘上定二十四向，二十四向早在我国汉代就有记载，北宋沈括地理图上也提到过二十四向。把罗盘三百六十度分为二十四等分，相隔十五度为一向，也叫正针。另外，在两个正针中间的夹缝称为缝针，因此航海罗盘有四十八向。大约南宋时已发明了四十八向。四十八向每向间间隔是七度三十分，这要比西方的三十二向罗盘定向精确得多。南宋以后使用有罗经盘的指南针导航，一条航线由许多针位点连接起来，这就是"针路”。把针路方向记录于纸，作为航行的依据，这就是“罗经针薄”。针经的记载进一步导致航海图的出现。

火药也是我国的一个重要发明，它是由我国的炼丹家发明的。有些炼丹家在炼制长生不老灵药时，很注重水银和硫黄的使用，因为它们可化合生成硫化汞。另外，硫黄还可以和其他金属化合。于是炼丹家都认为它是能够制服金属的奇异物质。硫黄性质活跃，非常易燃。为了控制硫黄，炼丹家把硫黄和其他物质一起加热成化合物，以降低它的易燃度，这种方法称为“伏火法”。在硫黄与各种物质反应的实验中，他们发现，把硫黄、木炭和硝石放在一起进行加热时，极容易发火或者爆炸。古时候，炼丹家常常又是医药家，硝石和硫黄在我国医书里也是两种可以治病的药材，所以把它们和木炭的混合物称作火药，原意是会着火的药物。火药也就由此而得名。

7世纪，唐朝的孙思邈就已经掌握了火药的初步配方，但在当时，火药并没有什么实际的用途，也就鲜为人知，更没有广泛的应用和大量生产。

但是后来火药却在军事上显示出了巨大的威力，火药于宋代开始应用于作战，标志着武器史的一大进步。火药武器显示出前所未有的本领，在军事上备受推崇，同时火药武器的出现也推动了火药的生产和研究。北宋曾公亮主编的《武经总要》（1044年），不仅描绘了许多火药武器，还记载了当时的三种火药：制毒药烟球，用焰硝三十两，硫黄十五两，木炭五两，外加巴豆、砒霜、狼毒、草乌头、黄蜡、竹茹、麻茹、小油、桐油、沥青等；制蒺藜火球，用焰硝四十两，硫黄二十两，木炭五两，外加竹茹、麻茹、小油、桐油、沥青、黄蜡、干漆等；制火焰，用焰硝四十两，硫黄十四两，木炭十四两，外加竹茹、青油、桐油、黄蜡、干漆、砒黄、黄丹、淀粉、浓油等。虽然这三种火药配方各有不同，但主要成分都是硝、硫、炭。而硝的比重已明显加大，以至于达到硫和炭的总和，这已经接近后来黑火药中硝占75%的配方。可见这个时期火药已经发展到一定的水平了，还可控制配料，加入其他成分以便起到燃烧、爆炸、放毒和制造烟雾等作用，甚至可以做成大的火药包，并且做不同的用途。比如，蒺藜火球也是火药包，里面除了装火药外，还装有带刺的铁蒺藜，火药包一炸，铁蒺藜就飞散出来，这样就可以阻止骑兵前进。毒药烟球有点像毒气弹的雏形，里面装砒霜、巴豆之类毒物，燃烧后这些毒物呈烟状，到处飞散，能使敌方中毒。

不过这个时期的武器还是主要利用火药的燃烧性能，做成火箭，燃烧敌军大营、粮草，等等。以后随着硝的提炼，硫黄的加工，火药质量的提高，就逐步过渡到开始利用火药的爆炸性能。到了北宋末年，就已出现了爆炸力较强的“霹雳炮”“震天雷”等武器。

早在唐代，我国就通过海上贸易把硝连同医药、炼丹术传到了阿拉伯，那里的人把硝称为“中国雪”。1225—1248年间，火药由商人经印度传入阿拉伯国家。欧洲人是在13世纪后期通过阿拉伯书籍了解火药的，通过战争，火药在西方得到了广泛传播。火药是中国人民对于世界文明进步的重大贡献。

毕昇发明的活字印刷术是印刷史上的一次重大革命，这也是我国古代的四大发明之一。唐朝雕版印刷技术已相当完善，但雕版印刷需要投入很大的人力、物力，利用它刻一本大部头书，起码也要花几十年工夫，而且在出现错误后也不容易修改。宋代社会经济文化得到了很大的发展，书籍的需求量大增，我国的雕版印刷事业发展到了又一个鼎盛时期，人们迫切需要寻找一种比雕版印刷效率更高的印刷技术。在这样的社会需求推动下，布衣毕昇（990—1051年）于1041—1048年间发明了胶泥活字，创造了世界上最早的活字印刷术。这样既节省了雕版的费用和时间，又便于印刷和修改，真是一举两得，其情况大体上和现在的铅字印刷相似。

沈括在《梦溪笔谈》中对毕昇的这一发明做了最可靠、翔实的记录。宋仁宗庆历年间，毕昇用小块胶泥刻成薄如铜钱的字。一个字刻一个印，用火烧硬。先准备好一块上面已敷好一层松脂、蜡和纸灰的铁板。印书时，在铁板上放一个铁框子，把所要印的活字按顺序排在铁框里，满一铁框就是一板，然后放在火上烤，等松脂、蜡等稍一熔化，就用平板压上，字面就像磨刀石一样平整。冷却以后，就凝固成了一排排牢固的泥活字，印刷时也不会散落。一般情况下用两块板：一块用来印刷，另一块用来排字。这样，等一版印好时，另一版已排好等印了。就这样轮换着进行，大大提高了印刷速度。每个字形都要准备很多个泥字，常用的字要造二三十个，以备一板里重复使用。如果不使用泥字，就把它们按韵分好，贴上标签，储存在木盒里，加以区别，也便于以后用时查找。如果出现少用的偏僻生字，事先又没有准备好，就需要当下烧刻。沈括还记载道，由于木料的纹理有疏有密，而且木料吸水，排成的版会高低不平。更由于木字会粘在药物上，不易迅速从版上取下，所以是烧泥活字。印完后，再用火烤热印板，使涂料熔化。接下来只用手轻轻一拂，泥字就都落下了，清洁、简便。毕昇死后，他的泥字为沈括的子侄所收藏。

沈括在书中除了介绍泥字制作、排版、印刷、拆版的技术细节外，还论述了活字的优点及一些不当字料的缺点。其中有这样的记载："若止印三二本，未为简易；若印数十、百、千本，则极为神速。"由此看出，印刷数量越大，就越能体现活字印刷极高的效率。而且沈括还用"常做"二字，说明毕昇还采取排印流水作业的方法，多次用泥字印书。沈括在《梦溪笔谈》中还曾谈到他收藏的十卷《韦苏州集》都是泥版印刷的，其书纸薄如细茧，墨印若漆光。

我国的活字印刷术，大约在14世纪传到朝鲜、日本，后来我国的活字印刷经由新疆到波斯、埃及，传入欧洲。受中国活字印刷的影响，德国约翰·谷腾堡在1455年用铅、锡、锑的合金制成欧洲拼音文字的活字来印刷《圣经》。这样算来，中国的活字印刷术比谷腾堡要早四百年。

虽然中国的活字印刷术发明很早，效率也很高，并且后人也对其做了一些改进，但由于一些条件的限制，却始终没有得到广泛使用。因为中国文字与拼音文字不同，一副活字中，每个活字至少要二十个或更多，这样总数通常要超过二十万，而拼音文字的全部印刷符号总共不超过一百个。中国文字的特别，在某种程度上降低了活字印刷的优越性，只有印数巨大的排印才能显出优越性。而在投资方面，制造大量活字需要作坊主一次投入很多，与雕版的低额成本相比，其劣势也非常明显。雕版与活字版相比，可以长期保存，并且能多次使用，偶尔才需修补一下，迎合了中国传统作坊的供求情况。旧时书肆一般一次只印几十部，然后就把雕版收藏起来，需要加印时再取出，以免存书过多影响资金周转。这样一来，雕版印刷在中国传统的印刷中一直独占鳌头，而技术上更为先进的活字印刷术却默默无闻。

恢复生产，农业发达

在“澶渊之盟”签订的第二年，宋真宗便下令地方各级长官官衔内一律加入“劝农使”或“劝农”等字，要求他们鼓励管下百姓努力务农，发展生产。随后，又颁行《景德农田敕》，这是一部关于农业的立法，在此后长期沿用，且受到后人称赞，大约其内容是比较精当的。

同年，宋真宗下令恢复前代已有的常平仓制度。常平仓制度在我国起始很早，它发端于战国时期李悝的平籴理论，至迟在汉代已推行了这一制度。它兼有储粮备荒与稳定物价两方面的功能，有利于农业发展。宋真宗时规定：由地方官府依照本地人口垫资购粮，大抵以每户一石计，设仓储存，贵粜贱籴，设专官管理，注意出陈入新，防止腐坏。常平仓制度对于灾年帮助百姓渡过困难时期、减少破坏起了重要作用。

在东封西祀活动中，宋真宗总是要求不得征调农民服役，修宫观、修治道路，都坚持用军兵而不用农民。每次“御驾”亲行，他总要求随行人员不得践踏庄稼。很明显，他主观上总想把这些活动所造成的对农业生产的不利影响控制在最小的范围内。

为了促进农业生产，宋真宗还采取了一项颇为后人称道的重要措施，即引进新的作物品种。据说，当时宋真宗听说占城国（在今越南境

内）的水稻耐旱、西天竺（今印度境内）的绿豆结子多颗粒大，就派人用珍宝去换，得到占城稻种20石、绿豆种2石，先在后苑等处试种，然后推广到各地。

又有一种说法，讲当时占城稻已传入福建，大中祥符五年（1012年），江南、淮南、两浙地区出现旱情，宋真宗派人到福建调拨3万斛分给上述地区，又将这种水稻的种植技术写成文字，在各地张榜公布。

不管哪种说法更可靠，宋真宗对引进和推广这两种作物做出了贡献是确实的。另外，同样毋庸置疑的是宋真宗在皇宫内也引种了这两种作物。他于大中祥符六年（1013年）、天禧二年（1018年）、天禧三年（1019年）三次召大臣们到宫内看占城稻，最后一次也观看了西天竺绿豆。他在宫内引种这两种作物，无疑对这两种作物的推广起到了不小的作用。他在一次观看收割占城稻时，还对大臣们说："看到收割的艰难，朕感到应当经常想到农民。"

大中祥符六年（1013年），知滨州（今河北省滨县北）吕夷简（即吕蒙正的侄子）上疏，请求免去河北地区百姓买卖农器的税，宋真宗说："努力农耕，才是自古以来的正道，不只应当免河北地区的这项税收，其他地区的这项税收也应当免除。"

从此以后，宋朝官方就不再征收此项税，这对于发展农业生产自然也是有益处的。这件事使吕夷简博得了宋真宗的好感，吕夷简此后迅速得到提升，到宋真宗晚年，他已担任了知开封府这一重要职务。

宋真宗也比较注意保护耕牛。他曾下令边疆驻军从境外获得耕牛，不要宰杀食肉，而应送到内地分给农民。宋朝对宰杀耕牛有禁令，当有出使宦官向他报告沿途看到卖牛者颇多时，宋真宗担心买牛者盗杀，就加重了对违反者的处罚刑条。

宋真宗在位时期，多数年份是收成较好的，有好几个年份甚至是大丰收。他在位后期，遇到了大蝗灾。宋真宗虽然当时没有完全停止装神弄鬼，但他却也努力地主持了灭蝗事务，下令各地用打捕、火焚蝗卵等当时所能采取的办法灭蝗，对于克服蝗灾有积极意义。

爱惜粮食，是作为以农立国的我国古代人民的传统美德。宋真宗却有意将它法制化。他于景德四年十月（1007年11月）、大中祥符三年五月（1010年6月）、大中祥符九年七月（1016年8月）三次颁下诏书，禁止丢弃食物，诏书中甚至以“违者治罪”这样的措辞相威胁。像宋真宗这样多次下诏书禁止浪费粮食，在古代也是不多见的，这或许也是他重农倾向的一种表现。

最后，还应提到，宋真宗还曾下令刻板印制《四时纂要》《齐民要术》等农业书籍分发给地方官，这也是对发展农业生产有益的。

宋真宗对农业的重视，对战后农业生产的恢复和发展起到了积极作用。

战争给财政带来了不利影响，而宋辽议和后又进行东封西祀等活动，财政收支一直比较紧张，为了扭转被动局面，就必须设法增加财政收入。宋真宗知道，当时农民的负担已经相当沉重，再增加田赋是很困难的，所以，他把增加收入的重点放到增加禁榷收入和商税收入等方面。

当时增加禁榷收入和商税收入的重要方法是层层确立定额，超收奖赏，歉收处罚。立定额从最基层开始，每个征收商税的机构（时称税场）、每个卖酒的酒坊，都立一个原始定额称“祖额”，一个按近期实收数确立的定额称“递年”，一个任期或承包期也另立定额。每年、每届都进行比较，奖惩有关监官和责任者。后来，又规定了地方官的责任制，即本地某项收入增加或减少，知州或通判也相应地区别情况给予奖惩。这样，就迫使地方官和有关人员努力设法增收。此外，宋真宗时期还采取了严密禁榷法制的措施。对盐、酒、茶法都做了修订和补充。由林特、刘承珪等人修订的茶法，竟有23册之多，可见其细密。

宋真宗时期的盐、酒、茶、香、矾等项禁榷收入均比宋太宗时期有较大幅度的增长。其中盐的禁榷收入数量较多，但缺乏现成的统计数字。我们仅以另两项收入较多的酒类禁榷的商税收入为例做一下比较。

酒类禁榷，天禧五年（1021年，即宋真宗在位最后一年）与至道三年（997年，即宋太宗在位最后一年）相比，卖酒收入铜钱由121万贯增为901万贯（即增加了6倍多），卖酒铁钱收入由156万贯增为292万贯，卖酒曲收入（均为铜钱）由48万贯增为87万贯。1021年年度的商税收入也比997年增加了一倍，即由年收入约400万贯增至年收入约800万贯。

在此基础上，宋真宗时期确定了地方向朝廷每年上缴财赋的数额。景德四年（1007年），宋真宗下诏规定，以至道二年（996年）至景德二年（1005年）十年的年平均数600万石，作为东南地区每年向朝廷输送的粮食定额。大中祥符元年（1008年）规定了每年各地向朝廷输送的白银的数额。天禧四年（1020年）规定了各地每年向朝廷输送（铜）钱币的数额。对于地方向朝廷每年输送绢帛等的数额也作出了相应的规定。这样，朝廷平衡财政就有了保证。

禁榷收入和商税收入也不能无节制地增加，宋真宗在这一点上也是比较清醒的。他注意了及时制止定额的过快增加，还纠正了立法中一些过激行为。特别是在大中祥符七、八年（1014、1015年）连续两年旱蝗灾害发生以后，他于大中祥符九年（1016年）下令成立“详定茶盐所”，由李迪、凌策等负责，对茶法和盐法进行再修订，去除了一些过于苛刻、损害普通商人和百姓利益的制度，对于维护社会安定起到了重要作用。

经过一系列惠民政策的实施，宋代经济社会得到极大的发展。

人口上，宋太宗至道三年（997年）的是400万户，到了咸平六年（1003年）是686万户，增长了46%。

农业上，亩产数从唐代2石提升到3石，垦田数更是从太宗至道三年的312520000亩增加到524758432亩，突破唐代最高值5亿亩，并组织编撰了专门的农业法规《景德农田敕》。

商业方面，明确各种商业税规定，做出弛禁通商的决定，使得宋朝政府的禁榷和商业税收入暴涨，逐渐取代农业税成为宋朝政府税收的最大来源。

司法方面，严令禁止严刑逼供，废除了很多酷刑（如断截手足、钩背烙身等），并在京师成立纠察刑狱司，地方设立提点刑狱司，建立了司法复核制度，允许当事人对判决不服可以上诉。

社会救济上，建立常平仓，和后来的义仓成为政府灾年救济的重要手段之一。

宋词隆兴，诗文兴盛

词是从汉魏乐府和唐代诗歌发展而来的。它与音乐有密切联系，要根据曲子来填词，对字数、押韵和句子长短都有很严格的要求，也可以说是一种特殊形式的诗。它萌芽于隋末唐初。中唐时，词体正式成立。晚唐时随着商业的发展，词取得了很大发展。五代时，词的创作形成两个中心：西蜀的花间词派和南唐词家。

宋真宗好文学，也是一名诗人，他比较著名的诗有《励学篇》《劝学诗》《工鸟学》《七绝》《赐丁谓》《赐王钦若除太子太保判杭州十韵》以及词作《西江月》等。

宋真宗还是著名谚语“书中自有黄金屋，书中自有颜如玉，书中自有千株粟，书中车马多如簇”的作者。

以下是他的作品：

《励学篇》

富家不用买良田，书中自有千钟粟。

安居不用架高楼，书中自有黄金屋。

娶妻莫恨无良媒，书中自有颜如玉。

出门莫恨无人随，书中车马多如簇。
男儿欲遂平生志，五经勤向窗前读。

《赐古藏用》

海霞照灼散青烟，历历星榆在晓天。
松韵寒烟绝世态，鹤翔高顶应鸣弦。

《赐王钦若除太子太保判杭州十韵》

早自外朝登近侍，克符昌运振嘉名。
一参黄阁推良画，再陟鸿枢显至荣。
该博古今堂献纳，勤劳夙夜每专精。
石渠撰述多文备，日观封崇大礼成。
宰府调元心匪懈，真宫兼职望弥清。
龙楼进秩恩尤异，熊轼为藩任不轻。
二浙奥区期惠化，三吴佳致悦高情。
重重山水舟中见，处处壶浆陌上迎。
既肃迩遐安外域，更分宵旰抚黎氓。
予衷侧席方毗倚，俾有甘棠播颂声。

《北征回銮诗》

锐旅怀忠节，群胡窜北荒。
坚冰销巨浪，轻吹集佳祥。

继好安边境，和同乐小康。

《赐陈尧叟谢病归济源》

文苑垂清誉，胡端仰盛才。

嘉猷毗万路，奇遇列三台。

勤职兴石爽，辞荣奏疏来。

畴咨登百揆，异数冠中台。

巨屏扬旌去，名藩昼锦回。

君臣相厚意，瞻望两徘徊。

《赐道人郑隐归山》

尽日临流看水色，有时隐几听松声。

遍游万壑成嘉遁，偶出千峰翫治平。

《赐丁谓》

懿辞硕画播朝中，造膝询谋礼遇丰。

文石延登彰顺美，高牙前导表畴庸。

书生仗钺今尤贵，旧里分符古罕逢。

昼锦买臣安敢比，黄枢早日接从容。

《赐杨亿判秘监》

琐闼往年司制诰，共嘉藻思类相如。

蓬山今日诠坟史，还仰多闻过仲舒。

报政列城归觐后，疏恩高阁拜官初。

诸生济济弥瞻望，铅椠谘询辨鲁鱼。

《观龙歌》

四灵之长惟虬龙，虬龙变化故难同。

三茅福地群仙宅，灵物潜形在此中。

在书画方面，宋真宗的楷书清新、俊逸、自然，运笔平正，点画厚重，遒劲而不失清秀，用笔劲挺无狂野态，很富书卷气，形意兼得，儒风雅韵，尽脱凡俗。他的楷书结构紧凑，端庄谨严，有一派雍容的皇家气象。“岳麓书院”的匾据说也是出自他的手笔。

词发展到宋代，已经开始进入它的鼎盛时期。而且词还是种兼有诗的艺术性与音乐的欣赏性的文学体裁，在宋代盛极一时，从而也造就了一批千古留名的伟大词人。范仲淹与柳永虽然词风迥异，一个豪放，一个婉约，但对宋词的贡献都举足轻重，都是宋词艺苑中的奇葩。

范仲淹（989—1052年），字希文，祖籍邠（今陕西省），迁居吴县。他是大中祥符年间的进士，宋仁宗时曾经做过参知政事。他曾多年率军队驻守边疆，运筹帷幄，西夏人十分怕他。

范仲淹不仅是出色的政治家，而且是才华横溢的文学家。他的诗文既有优美的写景，又有抒发心志的叙事。范仲淹着力倡导诗文革新运动，主张“文以载道”并要联系现实。他的诗文充满了以天下为己任的进取胸怀。

作词只是范仲淹的业余之事，他的词留存的也不多，但他的词主要描写的是边塞的风景，表达将士们积极进取的奋斗精神，其开阔的意境和悲凉的基调，突破了五代以来“词为艳科”的传统风格，开创了以豪放为特点的一代词风。比如下面的《苏幕遮》和《渔家傲》这样写道：

碧云天，黄叶地，秋色连波，波上寒烟翠。山映斜阳天接水，芳草无情，更在斜阳外。

黯乡魂，追旅思。夜夜除非，好梦留人睡。明月高楼休独倚，酒入愁肠，化作相思泪。

塞下秋来风景异，衡阳燕去无留意。四面边声连角起。千嶂里，长烟落日孤城闭。

浊酒一杯家万里，燕然未勒归无计。羌管悠悠霜满地，人不寐，将军白发征夫泪。

《苏幕遮》描写秋高气爽的景色，词意由远及近，层层展开，色彩缤纷，意境悠远，词人离乡去国之愁充斥其中，读来令人离愁顿生，“碧云天”也成为传世咏秋佳句。后一首词是作者戍守西北边塞的生活体验。词的上阕描写了边疆的荒凉空旷，抒发了作者悲壮的情怀；下阕抒发了作者为国家收复失地安定边疆，建立一番千秋伟业的雄心壮志；另外也表达作者内心壮志未酬的失落。“羌管”一句，既有对家乡的思念，又有心愿难了的慨叹。这种将边塞诗内容带进词坛的做法，开创了北宋边塞词的先河。范仲淹的这些意境开阔的写景或悲壮苍凉的抒情，使他的词在北宋文坛中独树一帜。

柳永（987—1052年），福建崇安人。原名三变，字耆卿，一字景庄。因为在弟兄中排名第七，又称柳七，又因为他曾做过屯田员外郎，所以也被称为柳屯田。其著作有《乐章集》等。柳永出身于官宦之家，少时聪颖，谙识音律。柳永为人风流倜傥，不拘礼法，有浪子作风。早年在汴京天天饮酒作乐，又出入于烟花酒楼，虽然写了一些词，也很有才气，但不为正统观念所容，曾两次落第，仕途极不得意。据宋人记载，在汴京的一次考试中，他作了一首《鹤冲天》，宋仁宗不喜欢其中的“忍把浮名，换了浅斟低唱”这一句，批道：“此人风前月下，好去‘浅斟低唱’，何要‘浮名’？且填词去！”他以“柳三变”自称，出入于汴京、苏杭等地的烟花柳巷。当时城市经济繁荣，市民阶层迅速增长，歌楼林立，朝野上下竟为新声。柳永也常出入其中，与歌妓乐工甚是熟悉，并为他们创作了许多朗朗上口的慢词。柳永就这样度过了半生，大约中年以后，迫于生计，他改名柳永，参加了进士考试。中进士后，做过睦州推官、定海晓峰盐场盐官等，以后又做了屯田员外郎。后来他因为贫困而死在润州，据说他死后还是由一群歌妓出钱将他安葬的。另一说为王和甫出钱葬了他。后来歌妓们还常常拿着酒菜，去他的墓旁饮酒，以示悼念。作为一个颇具传奇色彩的词人，柳永本人也成为后来文人创作的一个题材。

柳永因为怀才不遇，遭人排挤，才只得潜心于词作，终于成为杰出的词家。这不能不说是因祸得福。当然这也与他本人的不断努力有关，同时他的成就也与那些教坊乐工、歌伎分不开。柳永作为长调的倡导者，是北宋诸大家中保存长调最多的一个。他的《乐章集》收录了既可吟诵又可作唱本的词二百一十多首。他改变了词的体例，并使其有所发展，使词能够容纳更多的内容。他常常增加小令的字数，使之成为中调和长调。如《长相思》本三十六字，柳永则变为一百零三字；《浪淘沙》五十四字，柳永则变为三叠一百四十四字。柳永创作了大量慢词，以后又不断创新，创作长调，使他的一些作品广为流传。此后新兴的慢词受到社会重视，宋词进入了以慢词为主体的新阶段。

柳词多是取材于百姓生活，并在此基础上加工而成，因而通俗易懂。虽然他在评论家那里并不得宠，却深受大众青睐。据说，那些茶馆酒肆、舞榭歌楼到处都能听到柳永的词，他的词甚至还传播到西夏、高丽等地。

柳永最擅长并取得最大成就的是描写离别的凄苦和无奈。他将汉魏乐府古诗的游子思妇题材，与晚唐五代以来词中关于男欢女爱、离愁别恨的描写结合起来，融百家之长，为其所用。同时柳永词中还带有六朝小赋铺排夸张、绚丽多彩的特点。正是他怀才不遇的遭遇和居无定所的经历使他的词沾染了太多的离愁，正如他在好多词中都提到过的，也许正是那些漂泊不定的生活给了他灵感，也正是那些情景，引发了离愁别恨，悲戚之感，如他的《八声甘州》《雨霖铃》词。

《八声甘州》上阕写景，下阕抒情，情景交融，令人读来身临其境。其中双声、叠韵的运用，更使音调如主人的心境一样曲折起伏。《雨霖铃》是抒写离愁别绪的典范之作，被大家广为流传，并且成为宋、元时期流行的宋、金十大曲之一。词人通过对环境、人物心理的描写，把离别时的难舍难分细致地表现了出来。

柳永的词中，也有描写都市风貌的篇章，关于这方面的词大约有四十首，近于全部词作的1/5。他把都市繁华的景象、多彩的生活淋漓尽致地表达出来。如《瑞鹧鸪》（其二）中的苏州被他描绘成："吴会风流，人烟好，高下水际山头。瑶台绛阙，依约蓬丘。万井千闾富庶，雄压十三州。触处青蛾画舸，红粉朱楼。"还有写成都的《一寸金》："……地胜异，锦里风流，蚕市繁华，簇簇歌台舞榭。雅俗多游赏，轻裘俊，靓妆艳冶。当春昼，摸石江边，浣花溪畔景如画……"

柳永在京城中出入妓馆，过着放荡不羁的生活，他的词也深受影响，多数是反映妇女尤其是歌妓的生活。他虽然放浪形骸，但也有不得志的苦闷，所以他在对受侮辱的歌女的描写中，表达了"同是天涯沦落人"的感触和对她们深深的同情与怜悯。词中充满着他面对似水流年的无奈和对歌女生活的同情以及对人间真情的渴望。如《集贤宾》词中写道："……人间天上，唯有两心同……和鸣偕老，免教敛翠啼红……""衣带渐宽终不悔，为伊消得人憔悴""系我一生心，负你千行泪"等词句，则表现了柳永对歌女的真挚感情。正是由于这些词反映了歌妓们的生活，表达了她们的心声，以及词人的理解和同情，才被广泛传唱于宋元时期歌妓之口。

柳永虽很少描写不平的社会现实，但从他的词中，也可以看到他对官场的不满和对现实的无奈，如《鹤冲天》《风云归》等词都表现了他视功名如粪土的豪气和怀才不遇的感伤以及对世事的不满。

除了以上介绍，柳永也有咏物、咏史、游仙的作品。他的《黄莺儿》《受恩深》等咏物词，与姜夔、周邦彦等堆砌辞藻、引经据典的词不同，平实真切，毫无雕饰之感。他的咏史词，或者借古喻今，或者表达其对自由和爱情的渴望。

总之，柳永对北宋词发展做出了巨大的贡献，使宋词有了很大变化，不仅表现在内容上有所开拓，在表现艺术形式上也使宋词面目一新，使慢词这一艺术形式发展成为一种成熟的文学形式。他很好地运用了铺叙手法，使抒情、写景、叙事相互交融，层层深入。另外，与晚唐五代以来矫揉华丽的风气不同，他的词吸收了许多民间俗语，显得通俗易懂，朗朗上口，以至后来的词家也深受其影响。宋代词人如苏轼、秦观、黄庭坚、李清照、辛弃疾等人，或者学他的铺叙手法，或者将一些俚俗语写入词里，都从中取得了艺术借鉴。因此可以说，柳永的词在宋词中独具特色。

在宋初词人中，以晏殊、欧阳修影响最大，人们称他们为“晏欧”，并把他们二人尊称为词坛领袖。又因他们都是江西人，所以，人们又把他们称为“西江派”。他们力求摆脱花间词的浮艳风格，继承了南唐冯延巳雍容疏朗的词风，而这正投合了这一时期官僚士大夫的审美观点。

晏殊（991—1055年），字同叔，谥元献，抚州临川人，著有《珠玉词》。晏殊小时候非常聪明，7岁时就能做文章，被人们视为神童。14岁时被赐为同进士出身。宋仁宗时，成为宰相，政治上的主要贡献是吸引了大批良才贤士。他的诗文和西昆派的风格相似，典雅又不失华丽，《无题》是其代表作。在词的创作上，晏殊受到人们的评价极高。作为推动宋词发展的先行官、先锋人物，晏殊的词风虽受冯延巳影响，但又与冯延巳不同。冯延巳生不逢时，正好遇到南唐衰落，所以经历坎坷；而晏殊身为朝廷高官，一生衣食无忧，因而其词作大多表现显宦的闲愁以及上层社会奢侈豪华的生活。他的词胜在语言清丽、感情真挚。他极善于把瞬间的感受用凝练的词句表达出来。当然，晏殊的词中也不乏写实之作，如《山亭柳·赠歌者》：

家住西秦，赌博艺随身。花柳上，斗尖新。偶学念奴声调，有时高遏行云。蜀锦缠头无数，不负辛勤。

数年来往咸京道，残杯冷炙漫销魂。衷肠事，托何人？若有知音见采，不辞唱遍《阳春》。一曲当筵落泪，重掩罗巾。

这阕词作一反晏殊舒缓沉静、温润秀洁的风格，变得凄凉沧桑。此词作于他知永兴郡时，由于官场失意，遭受挫折，心中充满悲悯之情。通过描写歌女的悲惨命运，表达了他对朝廷不分忠奸的怨恨。

再如《清商怨》：

关河愁思望处满，渐素秋向晚。雁过南云。行人回泪眼。

双鸾衾裯悔展。夜又永，枕孤人远。梦未成归。《梅花》闻塞管。

通过词中哀怨的语调，似乎让人看到了在北宋繁荣安定的背后，隐藏着内外交困的危机。

晏词中，也有讴歌青春，歌唱自然的作品。如《破阵子》：

燕子来时新社，梨花落后清明。池上碧苔三四点，叶底黄鹂一两声，日长飞絮轻。

巧笑东邻女伴，采桑径里逢迎。疑怪昨宵春梦好，元是今朝斗草赢，笑从双脸生。

这首词主要描写了暮春美景以及少女嬉闹时的欢乐场面。上阕主要写景，他以流畅清淡的笔触，写出了春的恬静迷人。“池上碧苔”三句，富有节奏和韵致，表现了暮春的迷人和静寂。下阕主要写嬉戏少女，写尽了她们的喜悦之情，使人读来如身临其境。这类词还有《渔家傲》（组词六、八、九）、《雨中花》（剪翠妆红欲就）等。

晏词中也有感慨韶华易逝的感伤之作。在这种词中，既有显宦的闲愁，也有对流年似水的感慨。他的伤感词与别人不同，多是在平淡的描写中，让人体会到人生的凄凉与沧桑。怀旧词作中，往往隐含着他对人生由盛而衰的感叹，如《采桑子》《清平乐》：

时光只解催人老，不信多情。长恨离亭，泪滴春衫酒容醒。

梧桐昨夜西风急，淡月胧明。好梦频惊，何处高楼雁一声。

春去秋来，往事知何处。燕子归飞兰泣露，光景千留不住。

酒闲人散忡忡，闲阶独倚梧桐。记得去年今日，依前黄叶西风。

这两首词都于本题之外，强烈地透出了对好景不再、韶华易逝的哀叹，而情景的苍凉冷清，又为这种哀叹做了映衬。在《浣溪沙》中他这样写道：

一曲新词酒一杯，去年天气旧亭台。夕阳西下几时回。

无可奈何花落去，似曾相识燕归来。小园香径独徘徊。

他的感伤是由“新词”“美酒”引出的，天气、亭台一切如旧，而光阴却不可回！“似曾”二字蓄含了这种无以表达的感叹与无奈。春花秋月都已无处寻觅，使人不禁为人生之短以及流年似水不复回而感伤不已。作者的这种感受，有一定的哲学色彩。

另外，他的“春风不解禁杨花，漾漾乱扑行人面”和“昨夜西风凋碧树，独上高楼，望尽天涯路”也是脍炙人口的传世佳句。

由于晏词承前启后，又多有创新，所以在词坛上占有重要地位。

欧阳修（1007—1072年），字永叔，号醉翁、六一居士。江西庐陵（今吉安市）人。宋仁宗年间进士，官至参知政事。他是北宋古文运动的领导者。

欧阳修创作散文、诗，此外精于词作，在宋代文坛上是非常受人重视的词家。他的词在境界的开拓和抒情的深刻性上都远胜过晏殊。今存词二百多首，数量上也比之前的词作者更盛。不过内容与其散文、诗歌相比，要狭小得多。即便如此，他的词作的影响仍不在诗之下。刘熙载《艺概》卷四云：“冯延巳词，晏同叔得其俊，欧阳永叔得其深。”不仅如此，欧阳修还从民间俚曲中吸取了精华，铸就了清新隽永、蕴藉深厚的风格。他的词主要内容虽仍是恋情相思、酣饮醉歌、惜春赏花等，但已摆脱了五代花间派的脂粉气，拥有了自己独特的风格，将词风从浮艳引向了清丽一路。

在欧阳修的词中，大量篇幅是描写男女恋情的。与他的散文、诗歌相比，更多地展示了他的感情生活的另一个方面。注重人们内心深处的描绘是他的词作的重点所在，他的词汲取了冯延巳词情深婉约的精髓，不以铺金缀玉悦人，而以情致见长。后来的婉约词人秦观、李清照等均受其影响。如著名的《踏莎行》：

候馆梅残，溪桥柳细，草薰风暖摇征辔。离愁渐远渐无穷，迢迢不断如春水。

寸寸柔肠，盈盈粉泪，楼高莫近危栏倚。平芜尽处是春山，行人更在春山外。

词中所描述的征旅之人感情细腻，耐人寻味。作者通过几处小景的描写，细腻地表达出了人物的内心感受，残梅细柳，见出所见者细，草薰风暖，见出所感者微。面对此良辰美景，却分处两地，遥相思念。词中以春水比喻离愁，使感情更加形象、具体，让人有所感触。游子越走越远，愁思也无穷无尽。正如眼中所见的春水，与心中所感的离愁，二者在无穷尽中融合为一体。这种离情别绪的抒发，是由近而远，由浅而深，由短而长，一段段的犹如抽丝一般引发出来，贴切而生动。下阕犹见思归之深切、动人。作者一反旧法，采用曲笔，不从“游子愁”出发，却以“思妇愁”落笔。由此使游子想象出对方思念自己的情态，有一笔两顾之妙，并且相思之情随着游子的行踪的空间扩大而充塞其中，使盼归之切尽显其中。人评末句“‘行人更在春山外’不厌百回读”。此词充分体现了婉约词构思缜密、意境深远、迂回曲折的特点。

他的另一首《蝶恋花》词，借助客观景物，层层深入地刻画出深闺思妇孤寂落寞、伤春怀人的内心世界：

庭院深深深几许？杨柳堆烟，帘幕无重数。玉勒雕鞍游冶处，楼高不见章台路。

雨横风狂三月暮，门掩黄昏，无计留春住。泪眼问花花不语，乱红飞过秋千去。

上阕着眼于烘托空间的氛围，下阕则选择时间为意象。作者在词中以形象鲜明的语言，抒发思妇感情的起伏变化，以象征的手法，借暮春黄昏、雨骤风狂的自然景象，把楼头思妇被遗忘冷落的感伤心理描写出来。一个感情缠绵、形单影只、孤弱无力的妇女形象如在眼前，对于思妇独居时的心理体验，后来的李清照曾深有感触地说道：“欧阳公作《蝶恋花》有‘深深深几许’之语，予爱之甚切，用其语作‘庭院深深’数阕。其声即旧《临江仙》也。”由此见出院中居人与世隔绝，寂寞苦闷之深。结句更是神来之笔，“因花而有泪，此一层意也；因泪而问花，此二层意也；花竟不语，此一层意也；不但不语，且有乱落、飞过秋千，此三层意也。人越伤心，花越恼人，语越浅而意越入，又绝无刻画费力之迹，谓非层深而浑成耶”。

《生查子·元夕》则用今昔对比手法，使恋人间的一往情深表现得极为明了。

去年元夜时，花市灯如昼。月上柳梢头，人约黄昏后。

今年元夜时，月与灯依旧。不见去年人，泪湿春衫袖。

词的语言一目了然，既不流于俗气，又无粉饰雕琢，于平淡之中，可见深婉之情，具有民歌的风味。词从昔日相晤的欢乐的描写，到现在物是人非的忧伤，通过花、灯、月、柳的同一景物在恋人感情变化中所起的衬托作用，将缠绵悱恻的情思表现得淋漓尽致，历来被人认为是描写爱情的佳作。

另外《南歌子》还真切入微地写出了新娘动人的妩媚和娇憨："弄笔偎人久，描花似手初，等闲妨了绣工夫。笑问：双鸳鸯字怎生书？"

在有些词中，作者则直抒胸臆，表达出自己的切切相思之情，像在《渔家傲》中写道："天与多情丝一把，谁厮惹，千条万缕萦心下。"《玉楼春》："未知何处有知音，常为此情留此恨。"《蝶恋花》："一寸相思千万绪，人间没个安排处。"等。

除了男女情爱，相思伤别词作外，欧阳修写景时还善于用清新疏淡的笔触。如《玉楼春》："杏花红处青山缺，山畔行人山下歇。"《浣溪沙》："堤上游人逐画船，拍堤春水四垂天。绿杨楼外出秋千。"《渔家傲》："一派潺缓流碧涨，新亭四面山相向，翠竹岭头明月上，迷俯仰，月轮正在泉中漾。""霜重鼓声塞下起，千人指，马前一雁寒空坠。"其中用联章体写的十首歌咏颍州西湖风光的《采桑子》最具代表性。这些作品，都不是一时兴起所作，首句末三字均以"西湖好"领起，但从不同角度取景，都从侧面再现了明媚的湖光水色，表现了作者对美好景物流连忘返之情，寄情山水的志趣。如其一：

轻舟短棹西湖好，缘水逶迤，芳草长堤，隐隐笙歌处处随。

无风水面琉璃滑，不觉船移，微动涟漪，惊起沙禽掠岸飞。

作者用轻松明快的笔调，细腻地描绘了春日里在湖上泛舟的感受。在这幅明丽而又清新脱俗的春日图景中，荡漾着舟行湖上的雅趣。此词作中联想丰富，语言精妙，静中包含了动，在声色俱全的描写中，又有典雅优美作为点缀。再如其三、其四、其五等篇，湖上尽日飞舞的柳丝，长堤芳草，曲水逶迤，飞絮蒙蒙，笙歌隐隐，燕飞鹭翔，……美景令人目不暇接。这些词语言优美，形象鲜明，格调清新，在当时同种类别的词作中，都属于上等佳作。

在欧阳修的词作中，还有一部分是写于词人两次遭贬前后，这些则是感慨遭遇、伤怀时日、哀叹年老的作品。作者将对人才的惋惜、国事的隐忧、故地的怀念等，也都包括在此类词的描写范围。这些词作同欧阳修的那些写景状物咏史诗作一样，为宋初文人词的题材领域大大拓宽了范围，有别开生面、令人耳目一新之感。如《临江仙》的“如今薄宦老天涯，十年歧路，空负曲江花”，《采桑子》的“十年前是樽前客，月白风清，忧患凋零，老去光阴速可惊”，《圣天忧》的“世路风波险，十年一别一须臾”，《浣溪沙》的“浮世歌欢真易失，宦途离合信难期，樽前莫惜醉如泥”。不可言喻的今昔之感皆融在作者深深的感叹中。但作者的另一面又

通过词表现出来，如《朝中措》的“文章太守，挥毫万字，一饮千钟。行乐直须年少，樽前看取衰翁”，《采桑子》的“白首相逢，莫话衰翁，但斗樽前笑语同”，《玉楼春》的“便须豪饮敌青春，莫对新花羞白发”，这些词虽写韶华不再，眷恋往昔，但却词风疏隽，丝毫不见颓唐叹老，给人襟怀豪逸，乐观旷达，寓慷慨于狂放之感。另外作者还把人生的遭遇，感伤时代的变化，寓于自然景象之中，如《玉楼春》：“残春一夜狂风雨，断送红花飞落树。人心花意待留春，春色无情容易去。”言近旨远，发人深省。

比较晏殊，欧阳修词描写情感方面更深一些。后世“晏，欧”并称，其实欧词略胜一筹。冯煦说他“疏隽开子瞻（苏轼），深婉开少游（秦观）”。

虽然欧阳修写了很多绝美的词，但是内容比较广泛的却是以词写景，以词抒情，以词抒怀，并且不时有慷慨豪壮的词句；在形式上，多以小令见长。既有韦庄词的清丽俊雅，又有冯延巳的深沉委婉。他拓宽了词的题材领域，以其清新隽永，蕴藉沉厚的风格，独树一帜，他还在尝试慢词的创作和口语化、俚俗词语入词等方面起了开拓性的积极作用。这些都表明词在宋初已正逐步摆脱花间词、南唐词的影响，逐步走向社会生活的广阔领域和风格多样化。这都充分展现了欧阳修在提倡诗文革新运动的同时，对词的发展所做出的积极贡献。

王安石，“唐宋八大家”之一，不仅是一位杰出的政治家、思想家，也是一位著名的文学家。他的诗、词、文都造诣很高。王安石的文学创作体现了他的经世致用思想，这种思想也被大量运用在他革新政治的事业中。继欧阳修、梅尧臣、苏舜钦之后，他的诗文理论和创作使诗文革新运动更为深入，成果更加辉煌。

作为“唐宋八大家”之一的王安石，他的散文雄健峭拔，简洁明快，体裁有书、表、启、传、记、序、杂著、碑铭、祭文、墓志等。总的来说可分为论说和记叙两大类。王安石的文章胜在说理，即便在他的记叙文中，也含有较多的议论成分。可见他要求文章直接为政治服务的良苦用心。他的散文中成就最突出的是论说文。在论说文中，直接陈述自己的想法，针砭时弊，入木三分，议政说理，论辩驳难，无不写得游刃有余，得心应手，说服力极强。这首先得益于他的散文立意高远，思想深刻，分析透彻，组织严密。如《上仁宗皇帝言事书》，这篇直接向皇帝陈述政见的奏议，洋洋洒洒写了一万字之多，针对北宋中叶整个官僚政治制度的腐败现象，提出忠告，主张“改易更革”，提出学习先王的意图和志向。文章措词大胆且直而又分寸掌握适度，语气诚恳果断而又富于鼓动性。人评其文为“秦汉以后第一大文”，唯贾谊《陈政事疏》“稍足分之”。其中王安石的杂文，如《原过》《使医》《兴贤》《委任》《闵习》《知人》等，文笔尖锐，字字铿锵有力，要么正反对照，要么引用类比，每于短小精悍、抑扬吞吐之中翻出层层波澜，感慨良深。王安石的史评、人物论，如《子立》《鲧说》《伯夷》《读江南录》《读〈孟尝君传〉》《读柳宗元传》等，不落窠臼，抒发前人所没有的见解和思想。其中《读〈孟尝君传〉》，全文不足百字，而抑扬顿挫，盛意迭出，堪称为短文精品。此文为王安石阅《史记·孟尝君列传》的读后感，文中批驳了关于“士”的传统说法，提出了“士”的高标准，并围绕“得士”与否进行论证。文章曲折生动，一以贯之，不枝不蔓，开阖有法，结构严谨，气势宏大。后人评道：“凿凿共是四笔，笔笔如一寸之铁，不可得而屈也”“语语转，字字紧，千秋绝调”。在他的驳难文章中，处处闪烁着其所向披靡的锋芒，“半山文瘦硬通神”，“只下一二语便可扫却他人数大段，是何等简贵”。如有名的《答司马谏议书》，是为驳斥司马光来信指责变法中的“侵官、生事、征利、拒谏”等问题的。文中没有感情用事，没有讽刺嘲笑，没有出语不恭，没有自我炫耀，也没全方位地各个涉猎，没有在一些细节上纠缠不休，而是就几个关键问题，据理和对方辩论。只用了300多字就对司马光3000多字的责难做了有力的答复。虽然每条的批驳只是寥寥几句话，但让人感到很有气势，说服力很强。诚如清末古文家吴汝纶评论道：“固由兀傲性成，亦理足气盛，故劲悍廉厉无枝叶如此，不似上皇帝书时，尚有经生习气也。”文末又以退为进，巧用反语，表现自己矢志新法、坚定不移的信念。文章简古而毫无疏漏，峻峭并且说理透辟。

在王安石的散文中，记叙文占的比重较大。此类文章没有将重点放在景物上，只是用它来做铺垫，渲染气氛，而属意于借端说理，载道见志。其记人、记事、记游散文各具特色。记人叙事的，如他早期的名篇《伤仲永》，通过神童方仲永自幼天资聪颖，因放弃学习而天资泯灭成为庸人之事，意在告诫后人，知识才能并非天生，经过后天的培养都可以改变，强调了后天学习的重要性。此文先叙后议，叙事上前后呼应，前后对照，手法上欲扬先抑，并通过作者亲眼所见事实，来增强文章的可信性和说服力。另外，王安石写的一些墓志碑文，都不失为人物传记作品中的佳品，文笔简洁巧妙。这类文章多因事谋篇，不溢美、不虚诞，持论严谨，议论为主，记叙描写为辅，寥寥几笔中人物的性格特征就跃然纸上。王安石有时还在碑志中借文生议，放开思想，高谈阔论。如《处士征君墓表》《葛兴祖墓志铭》《王逢原墓志铭》等，都是王安石为那些默默无闻、沉沦下层的文人、中下层官员等小人物写的碑志，从而使他们的善行能流芳百世。另外，他有些祭文抒情色彩也较浓，这在他的其他散文中并不多见。其在文中感情的抒发，激情如瀑，勇往直前，任其纵横，情之所钟，爱就爱到极点，恨也恨到顶端，怒则冲冠，喜则欢颜。如用四言韵语写的《祭束向元道文》《祭范颍州仲淹文》等，言辞古朴，情真意切，感染力极强。用杂言韵文写的《祭欧阳文忠公》，全文以议论张本，辅以简洁的叙述，起笔迂回婉转，全文浑不见“悲”情，从人生的宏观角度，对欧公的一生做了极高的评价。这种写法的确是没有拘于礼俗。其中有一段赞美文字：

如公器质之深厚，知识之高远，而辅以学术之精微，故形于文章，见于议论，豪健俊伟，怪巧瑰奇。其积于中者，浩如江河之停蓄；其发于外者，烂如日星之光辉；其清音幽韵，凄如飘风急雨之骤至；其雄辞闳辩，快如轻车骏马之奔驰。

在一连串的令人心惊目眩的比喻中，充溢着一种不可阻遏的气势，把对欧公的仰慕与缅怀之情，表现得淋漓尽致。在当时祭欧公文中，此文最为杰出。在王安石的作品中，很少有这样的美文。

另外，他的《促织》一文也写得较有特色。该文通过描写蟋蟀表现出地主与农民之间的贫富悬殊，构思十分巧妙。

王安石写作中最为突出的是善于议论，也鲜明地体现在其游记散文中。这区别于欧阳修、苏轼抒情议论并重，文字充满情韵的“记”体文。作为记游的代表作《游褒禅山记》，文章通过记游来言志，表达了他的理想、追求与探索，焕发着哲理与思辨之光。此文以议论为中心，没有着意于客观景物的描写。前面的记游文字是议论的重要依据，使其议有所依据，前呼后应，环环相扣。意在说明人生道路上要走向高远，在治学问题上要有所创造，要“有得”，就必须“求思之深”，要有坚定顽强的意志，不要随大溜，又善于利用客观条件，才能达到“奇伟瑰怪非常之观”的境界。全文可说是“借题写己”，“穷工极妙”。

王安石的作品注重直抒胸臆，强调文学的功用和论辩说理，文字力求简洁。但由于其只注重其说服力而不注重摹写物象酝酿气氛，增强感染力，因而许多文章缺少文采和形象性，难免有枯燥单调之感，缺少韵味，可以说是一个缺憾。

作为文学家的王安石，其诗歌造诣尤为深厚。他的诗作颇丰，有一千五百余首，而且很有特色，别具一格。欧阳修曾以“翰林风月三千首，吏部文章二百年”的诗句来赞美他。他的诗歌创作，以熙宁七年（1074年）退居江宁为界，分前后两期。前期诗作多属于政治题材类，这与王安石的政治生涯紧密相关。他把自己对社会现实的长期观察、体验和感受，与渴望匡世济俗的抱负结合在一起。这一时期他以杜甫现实主义精神为宗旨，在艺术上，他的近体诗大多模仿杜甫诗歌的句法，古体则吸取韩愈诗健拔雄奇，多用议论的特点。主要作品有《感事》《河北民》《收盐》《发廪》《兼并》《省兵》《次韵和甫雪》《酬王詹叔奉使江东访茶利害见寄》等。其中《河北民》是一篇上好佳作，此诗通俗易懂，明白如话，不用任何典故，用类似民歌的表现方法，把宋辽边界一带老百姓的悲惨生活表现得淋漓尽致。他的这些作品密切联系现实，抨击时弊，同情人民疾苦，内容也较充实。但在艺术上，大多直赋其事，议论过多，缺少形象性，也缺少意境与情韵。他的政治诗中也不乏抒发爱国情感的诗篇，如《出塞》《入塞》《阴山画虎图》《西帅》《送赵学士陕西提刑》《次韵元厚之平戎庆捷》等。作品多反映人民热切地盼望祖国早日统一的心声，警醒世人不要忘记异族虎视眈眈的军事威胁。

王安石前期咏史、怀古为题材的诗作，政治色彩很浓。它们大都有感而发，寓意深刻。如《范增》《商鞅》《宰韶》《韩信》《贾生》《桃源行》《乌江亭》《杜甫画像》等，可称得上是“极有笔力，当别用一具眼观之”。其中《明妃曲》二首，堪称代表作，脍炙人口，传诵至今。诗作中没有沿用过去描写昭君作品中的传统观点，而是把描写的重点放在对妇女命运的同情上，以此暗寓作者郁郁不得志的愤懑；同时也讽刺了君王的昏庸，与传统温柔敦厚的诗教相悖。诗中刻画人物笔法细腻，从描绘人物“意态”到解剖人物心理，又多运用了渲染、烘托、细节描写。诗中用小说笔法和古文笔法来做诗，其中别出心裁的议论，不仅一翻旧案，又使昭君楚楚动人之美更加鲜明突出。

这一时期，王安石还写了大量的羁旅、登临、赠别、悼友、咏物之作。如《孤桐》“树老根弥壮，阳骄叶更阴”，写高大的桐树，寄托其顽强不屈的斗志；《登飞来峰》“不畏浮云遮望眼，自缘身在最高层”，登上山峰，描绘优美的景致，抒发高瞻远瞩的胸怀和远大的政治抱负；《葛溪驿》“病身最觉风露早，归梦不知山水长”，抒写游历天涯倦怠的情怀，婉转地传达出病中凄苦的忧国、乡思之情；《示长安君》“草草杯盘供笑语，昏昏灯火话平生”，抒发了离别时兄弟之间依依不舍的深情；《思王逢原三首》（其二），“庐山南堕当书案，湓水东来人酒卮”，悼念故去的友人，追忆当年把酒笑谈的美好情景。另外如《旅思》《题西太一宫壁》《别孙莘老》《寄王逢原》等，也都是有特色的佳作。在艺术上，王安石为诗歌史作出较大贡献的是他的这些咏物抒情、述怀感旧、登山临水、酬答赠别的近体诗，他后期的一些抒情写景小诗的艺术成就也很高。

王安石的后期诗作，诗学艺术上以杜甫“老去渐于律诗细”为工，在对仗、典故、格律上精益求精，并且吸收了王维诗歌中注重意境的风格特点。黄庭坚曾评道：“荆公之诗，暮年方妙。”又说：“荆公暮年作小诗雅丽精绝，脱去流俗，每讽咏之，便觉沆瀣生牙颊间。”还有人评：“遣情世外，其悲壮即寓闲澹之中。”严羽将此期诗歌称为“王荆公体”。王安石的隐居生活所赋予他的生活素材，即新的创作对象，迫切要求诗人寻找一种可以和他相适应的艺术表现方法，于是新的艺术风格应运而生。因此进取与消极的思想交织在一起，就形成他的暮年小诗的独特风格。在这一点上，他与魏晋或唐代名士隐者相比，根本不可能做到所谓的“旷达”。所以在他的诗中既有歌颂新法的，也有借助佛理来解脱精神苦闷的诗篇。在他晚年的小诗中含蓄地抒发了矛盾与愁苦，正是北宋特定历史条件下的产物。他常常在诗中寄托自己的志向，抒发自己的情怀，如《北陂杏花》“纵被春风吹作雪，绝胜南陌碾成尘”，用花的纯洁芳雅，一尘不染，来倾诉自己高洁的情操；《梅花》“墙角数枝梅，凌寒独自开。遥知不是雪，为有暗香来”，赞颂梅花凌寒呈艳，播送暗香，借梅自喻，托梅言志。他在诗中融注着深刻的思想感情，闪烁着自己独特的思想意境。《寄蔡天启》：“杖藜缘堑复穿桥，谁与高秋共寂寥。伫立东山一搔首，冷云衰草暮迢迢。”寥寥几笔，就勾勒出在晚秋暮色苍茫的东冈之上、在无边的冷云衰草之中伫立着的杖藜老人形象，如在眼前。另外，《乌塘》《柘冈》在对家乡的追忆中，融注着对已逝韶华的眷恋之情。在他描写山水的小诗中，描绘了一幅幅淡泊明静的画面，如《钟山晚步》“小雨轻风落楝花，细红如雪点平沙。槿篱竹屋江村落，时见宜城卖酒家”，《钟山即事》：“涧水无声绕竹流，竹西花草弄春柔。茅檐相对坐终日，一鸟不鸣山更幽”。这些诗篇平和优美，空灵明净，人与自然就在这幽静的境界中融为一体了。人们所传诵的《书湖阴先生壁》：“茅檐长扫净无苔，花木成畦手自栽。一水护田将绿绕，两山排闼送青来。”《泊船瓜州》：“京口瓜州一水间，钟山只隔数重山。春风又绿江南岸，明月何时照我还。”《江上》：“江上秋阴一半开，晚云含雨却低回。青山缭绕疑无路，忽见千帆隐映来。”这些诗篇，构思奇特巧妙，字句千锤百炼，体物细腻，色彩斑斓，尤见工夫。虽然诗的现实内容较之以往明显有所收敛，但在艺术风格上，更臻于炉火纯青的地步。

经济繁荣，人文鼎盛

当时的汴京城常住人口150万，比唐朝首都长安更加繁华，《东京梦华录》描述汴梁：“东华门外，市井最盛，举凡南北饮食、时新花果、鱼虾鳖蟹、鹑兔脯腊、金玉珍玩、衣着服饰，无非天下之奇。”真乃一副繁荣景象。由于宋朝强力推进对外开放政策，来华的外国人无论是国别还是数量都超过唐朝，开封成为全球拥有外国侨民最多的国都。这些外来新移民有来自西域、阿拉伯和朝鲜、日本等国，还有的从非洲、欧洲等地远道而来，他们的身份包括驻华使臣、武士、僧侣、教徒、商贾、猎手、艺人、奴婢和留学生各色人等，生动展示了文化交流与中外融合促成的文明进程，也有不少宋朝官员和商人走出国门、走向世界。当时宋代的船只已经航行于印度洋各地，包括锡兰（斯里兰卡）、印度次大陆、波斯湾和阿拉伯半岛，甚至到达非洲的索马里。

宋朝的新移民中有不少是穆斯林，他们在汴梁一住就是几年、几十年，甚至在此传宗接代繁衍生息，于是就有了“土生蕃客”“五世蕃客”之说，开封和其他一些沿海城市，还纷纷设立了蕃客的子弟学校“蕃学”。开放的大宋不搞种族歧视，允许穆斯林子弟参加科举考试，成绩优秀者照样可以与汉人一样获取功名，封官晋爵。连一些讲究诚信的穆斯林商人由于经商有道，对发展宋朝的国际贸易做出贡献，也被朝廷破格录用，授予官职，为此，当时开封城还兴建了很多规模不小的穆斯林公共墓地。

当时汴京还生活着一支庞大的犹太人群体，汴梁老百姓因为对犹太人不甚了解，鉴于他们在宰杀牛羊时有剔除脚筋的习俗，就称其为“挑筋教”，也有人叫他们蓝帽回回、天竺人。在民族大融合的宋代，开封的犹太人享受到与汉人一样的自由，不少人还通过科举考试升为官员。犹太人很乐于在开封世代繁衍，以至到19世纪后期开封还保留着犹太会堂，犹太人能在以儒家文化为主导的宋朝繁衍生息，是犹太文明史上一个独特的现象，也从侧面证明了当时中国对外开放程度之高。宋时宁波一跃成为全国三大口岸之一，开封的不少犹太人也常常奔波于汴甬之间，甚至选择在风光秀丽的宁波落户。所以甬城也有犹太人的后裔，一千年后的今天，甬汴两地的渊源仍很密切。

由于国势强盛，每年有大量的洋人涌入宋朝，到中原朝拜、经商或定居，宋人在世界各地也受到热烈欢迎。《清波杂志》有如下一段记载：“倭国一舟漂泊在境上，一行凡三二十人。妇女悉被发，遇中州人至，择端丽者以荐寝，名曰度种。”此文叙述了日本妇女乘船来中国，在国都汴梁，日本女子向宋朝度种的事也屡见不鲜，虽然官方文件语焉不详，但一些野史和宋人笔记对此均有描述。

宋人洪皓在《松漠纪闻》中也说：“回鹘自唐末浸微，本朝盛时，有入居秦川为熟户者。女未嫁者先与汉人通，有生数子年近三十始能配其种类。媒妁来议者，风俗皆然。今亦有目微深而髯不虬者，盖与汉儿通而生也。”说当时西域的回鹘族女子有出嫁前先与汉人同居的传统。回鹘女人还以此为荣。

北宋真宗二年三月，西域于阗国王遣回鹘罗斯温等来宋朝贡，宋真宗问询路上情况，罗斯温称于阗到敦煌的道路通畅，此次于阗使节带来的贡品有玉石、乳香、琥珀、棉织物、琉璃、胡锦等。于阗使团间有商队，从内地带去了丝织物、金银器、茶叶等物品。

1009年，北宋繁华似锦，在这年的九月体现得尤为明显。（西夏）夏州进奉外，有以私物贸易久而不售者，自今官为收市。这就是说，西夏使节所带之物，如果卖不出去，宋朝官府就全部包买下来，充分照顾朝贡者的利益。北宋基本上是风调雨顺，没有大的自然灾害。唯有一次汴水涨溢出岸，浸没了从京师到郑州的道路。宋廷诏选善于治水的使臣迅速控制了水势，一时受阻的漕运也得以恢复通航。客居泉州的阿拉伯穆斯林出资，仿照叙利亚大马士革伊斯兰教礼拜堂的建筑形式建造了泉州清净寺，占地2500平方米，是我国现存最早的一处伊斯兰教寺。河南虞城富人曹诚在商丘建学舍150间，聚书1500余卷，“博延众生，讲习甚盛”，宋真宗赐名“应天府书院”，为中国四大书院之一。宋真宗追封孔子弟子颜回等十人公爵、曾参等62人侯爵，封先儒左丘明等19人伯爵。

在宋朝，经济发达，尤善商贾，尽管赵宋的面积、初期时的人口、资源都比前朝李唐差得多，但是，宋朝的经济，在像1009年这般风调雨顺的好年景时，岁入是唐朝的七倍，即便灾害仍频，岁入也是大唐的三倍左右。

经济繁荣，边贸红火，贡赋通达，税收富足，官员接触钱财的机会也由此多了起来。然而北宋时期官员赃罪（贪污）的现象却减少了，尤其与相距较近的唐朝相比，更是稀少。

宋真宗在位期间，铁制工具制作进步，土地耕作面积增至5.2亿亩（宋太宗至道二年，996年，耕地有3亿多亩），又引入暹罗良种水稻，景德年间，专门制作瓷器的地方（原名白崖场）的昌南镇遂改名为景德镇，贸易盛况空前。

宋真宗在位25年，且统治时期治理有方，户口增加416万户，财政增加12861万，人均财富增加3倍多。他以拉动内需反腐倡廉促经济发展，使北宋的统治日益坚固，国家管理日益完善，社会经济繁荣，史称“咸平之治”。

后　记

所谓“盛世”，在历史上是指中国社会发展中一些特定的阶段，是国家从大乱走向大治，在较长时间内保持繁荣昌盛的时期。在中国两千多年的封建历史长河中，出现过很多这样的“盛世”阶段，从“文景之治”到“武帝之治”的汉朝盛世、从“贞观之治”到“开元全盛”的大唐盛世以及清代的“ 康乾盛世”等。这些时期，一方面确立了中国传统“盛世”概念的基本内涵，另一方面也都没能避免“盛极而衰”的结局，因而给后人留下了无尽的话题与思索。

纵览历史，各个盛世都具有一个共同的特征，那就是国家统一、经济繁荣、政局稳定、社会安定、国力强大、文化昌盛等。为了更好地反映历史中的这些盛世风华岁月，我们策划编写了本套“盛世风华系列”丛书，丛书选取了中国历史上的“十大盛世”进行编写，主要讲述了那些为中国历史的发展进程起到不可或缺作用的历史事件和人物故事，内容精彩，可读性强。

“盛世风华系列”丛书在编写的过程中参阅了大量文献资料和研究成果。同时，为了全面准确地传递知识，还特选部分精美图片辅助说明，但由于文字图片权源分散或作者不详，无法与诸权利人一一联系。鉴于以上原因，该系列丛书编者为尊重作者权益，我们真诚地期望本书所用资料的权利人与我们取得联系，提供有效的版权证明并领取相关使用费。特此声明并为不周处先此致歉！

邮箱：AAA@sina.com　联系人：若木